商业新闻出版公司和轻松读文化事业有限公司提供内容支持

创意五把刀

轻松读大师项目部 编

中国盲文出版社

图书在版编目（CIP）数据

创意五把刀：大字版/ 轻松读大师项目部编．—北京：中国盲文出版社，2017.8

ISBN 978－7－5002－7959－4

Ⅰ.①创…　Ⅱ.①轻…　Ⅲ.①企业管理—通俗读物
Ⅳ.①F272－49

中国版本图书馆 CIP 数据核字（2017）第 147141 号

本书由轻松读文化事业有限公司授权出版

创意五把刀

编　　者：轻松读大师项目部
出版发行：中国盲文出版社
社　　址：北京市西城区太平街甲 6 号
邮政编码：100050
印　　刷：北京新华印刷有限公司
经　　销：新华书店
开　　本：787×1092　1/16
字　　数：70 千字
印　　张：11.5
版　　次：2017 年 8 月第 1 版　2017 年 10 月第 1 次印刷
书　　号：ISBN 978－7－5002－7959－4/F·173
定　　价：40.00 元
销售热线：（010）83190297　83190289　83190292

出版前言

数字文明为我们求知问道、拓展格局带来空前便利，同时也使我们深受信息过剩、知识爆炸的困扰。面对海量信息，闭目塞听、望洋兴叹固非良策，不分主次、照单全收更无可能。时代快速变化，竞争不断升级，要想克服本领恐慌，防止无知而盲、少知而迷，需尽可能将主流社会的最新智力成果内化于心、外化于行，如此才能更好地顺应时代，提高成功概率。为使读者精准快速地把握分散在万千书卷中的新理念、新策略、新创意、新方法，我们组织编写了这套《好书精读丛书》。

这套书旨在帮助读者提高阅读质量和效率。我们依托海内外相关知识服务机构十多年的持续积累，博观约取，从经济管理、创业创新、投资理财、营销创意、人际沟通、名企分析等方面选取数百种与时俱进又经世致用的好书分类整合，凝练出版。它们或传播现代经管新知，或讲授实用营销技巧，或聚焦创新创业，或分析成功者要素组合，真知云集，灼见荟萃。期待这些凝聚着当代经济社会管理创新创意亮点的好书，能为提升您的学识见解和能力建设提供优质有效便捷的阅读资源。

聚焦对最新知识的深度加工和闪光点提炼是这套书的突出特点。每本书集中解读4种主题相关的代表性好书，以“要点整理”“5分钟摘要”“主题看板”“关键词解读”“轻松读大师”等栏目精炼呈现各书核心观点，崇真尚实，化繁为简，您可利用各种碎片化时间在赏心悦目中取其精髓。常读常新，明辨笃行，您一定会悟得更深更透，做得更好更快。

好书不厌百回读，熟读深思子自知。作为精准知识服务的一次尝试，我们期待能帮您开启高效率的阅读。让我们一起成长和超越！

目 录

想推出石破天惊的“杀手级创意”？你需要一套标准的“创意”开发流程和管理方法，而不能只靠天赋或运气。创意是人类与生俱来的能力，是人类文明进步的推手，也是产业升级和经济发展的主要动力。乔希·林克纳同时拥有艺术灵魂和商业头脑。他发现，在开发创意时，必须融入企业管理的原则，让右脑和左脑一起配合运作，这样才能带来最大的成功。

要在21世纪竞争激烈的商业环境中生存并力争上游，就得源源不断地产出创新点子，否则就等于把成功机会奉送给了对手。要想获得创意思考的能力，就一定要放弃各种已知，自己动手丢掉旧知识，储备新知识和新点子。创意思考是每个人都能进行的过程。通过放空自己的头脑，每个人都有想出新点子的无限潜力。

看似原创的构想，其实不过是由既有构想的片段组合而成，只不过人家都有各自的方法罢了。你与史上最具创意的人，区别仅此而已。构想如同生物，会随时间而进化，既有概念也会不断演变出新的概念。聪明才智其实都是借鉴而来，而知不知道该去哪里借鉴，懂不懂得该如何将它们组合起来，则决定了一个人创造力的高低。

你想实现的未来是什么样的？哈佛大学教授霍华德·嘉纳在多元智能理论的基础上，提出了5种未来人才必备的心智能力，认为这些能力才是人类未来应该努力开发的。学识不再代表一切，拥有卓越的统合能力和创造性才能给你带来更多的机会。5种心智能力的多元发展和培养，才会带来社会的整体进步，才会带来个人的全面成功。

创意五把刀

Disciplined Dreaming

A Proven System to Drive Breakthrough Creativity

原著作者简介

乔希·林克纳（Josh Linkner），企业家、创投家、著名演讲家以及爵士音乐家。曾于 2004 年获安永企业家奖提名，其事迹曾被《华尔街日报》、《快速公司》等多家报刊报道。毕业于美国佛罗里达大学。

本文编译：许恬宁

主要内容

主题看板

创意高手有秘诀

面对变化迅速、竞争激烈的市场，无论是产品研发、设计、营销还是服务，各个企业无不挖空心思，企图推出石破天惊的“杀手级创意”。但是我们却不难发现，许多制度非常健全的企业，唯独对“创意”没有一套标准的开发流程和管理方法，只能依赖天赋或全凭运气。

乔希·林克纳同时经营4家公司，也是爵士音乐家及创投者。他认为爵士乐和企业管理有着微妙的互通之处：一个缺乏创意的公司就像照谱弹奏的爵士乐一样没有灵魂，而毫无章法的爵士乐也和毫无纲纪的公司一样不可行。

爵士乐虽然有大量即兴创作，需要创意，但仍会遵循一定章法和规则；企业管理虽然讲求纪律和标准作业流程，但要想成功仍需要创新思考。

林克纳同时拥有艺术灵魂和商业头脑。他发现，在开发创意的时候，必须融入企业管理的原则，让右脑（创意与抽象思考）和左脑（逻辑分析）一起配合运作。

创意是人类与生俱来的能力。林克纳开发出破除思想禁锢、大展创意功力的方法——创意五把刀。通过一整套循序渐进的过程，必然可以体会自由创意的快感以及运用创意解决问题的成就感。

创意是人类文明进步的推手，也是产业升级和经济发展的主要动力，当然也是企业及个人的核心能力。何不将这套引导创意发想和执行的方法应用在生活和工作中，使自己成为创意高手呢？

5分钟摘要

创意开发5刀法

创意可以研发、生产吗？通过5个循序渐进的步骤，创意也可以有标准的开发流程和管理方法，而不再是飘忽不定、神秘难测的东西。

从产品如何制作到废物如何清理，大多数公司都拥有完备的运作体制。从效率的角度来看，这是非常好的。除此之外，还有一个决定公司成败的关键因素——创意。要想成功，公司必须揭开创意的神秘面纱，用一套完善的办法来培养和激发员工的创意。

在一项对200位成功人士的访谈中，所有受访者都明确表示，自己能够一路顺利，“创意”是极为重要的因素。简单来说，必须提供跟别人不一样且引人注目的东西，否则你就无法胜

创意开发 5 刀法

1. 发问
2. 准备
3. 探索
4. 点火
5. 启动

出。要想出类拔萃，你就必须拥有创意思考的能力。

一　发问

要实施创意开发5刀法，请先写一份创意摘要，说明你目前面临的状况以及希望提出什么样的创意思考。在发问阶段要完成的事项包括：提出问题、探索可能性、发挥好奇心并让公司的创意思考能力完全运用起来。

要想得到新鲜又可行的创意，首先必须清楚自己要解决的特定问题。对问题的描述愈详细，就愈有可能得到具有原创性的创意点子。

达成上述目标的最佳方式就是，在撰写创意摘要的时候，明确描述以下9个主题：

（1）描述你期待的成果——用一句话，描述你希望利用这个崭新的创意来达到什么样的效果。

（2）明确创意将面对的挑战——描述为何需要改变以及改变的利弊得失。明确说明与改变相关的情况。

（3）进行现状分析——包括过去进行过哪些努力、目前采取的应对措施，以及在不用担心时间、金钱或其他必要资源的情况下，最好的解决办法。另外，也请思考你更希望采取渐进式的改善方法还是一举改变一切游戏规则的终极办法。

（4）描述在推动计划时可能遇到的阻力——一旦现况改变，有哪些人会受到影响？针对这个议题提出原创思考时，可能会遇到哪些阻碍？如果能够好好思考这些问题，你就可以事先做好准备。

（5）设定目标听众——你的创意会对谁有帮助？如果要推动这个计划，你必须说服哪些人？找出关键人士，思考如何说服他们。

（6）订出沟通策略——要如何让其他人了解你的新点子？开发创意最有效率的方法是什么？你希望进行大规模的闪电战，还是循序渐进的做法？

（7）分析竞争对手——包括市场上那些试图解决相同问题的公司以及公司内部可能跟你竞争相同资源的创意。此外，你也应该从那些面对同样挑战的人当中，找出可能合作的对象。

（8）完成第一份项目计划草案——包括具体成果、产出、预算、时间表，以及重大里程碑的日期和达成各项目标的责任人名单。试着想象一下，当你想出了新鲜创意，而且一切都已经就绪时，你会是什么感觉。

（9）找出主要的评价指标——你要如何定义

成功。评价标准可以是具体的，也可以是无形的。如果替项目找出关键的绩效指标，就可以在计划进行过程中持续评估进展。创意摘要中一定要纳入一项重要评估标准，就是你预估的投资回报率。

撰写创意摘要需要花时间，但这是值得的。它可以让所有人同步了解公司现在想达成的目标以及要采取的方法。一开始就投注时间和精力将一切说清楚，就可以避免员工形成相互背离的小团体。此外，你也可以利用创意摘要来取得关键人士的支持，让计划和预算能够获得通过。创意摘要可以让你希望达成的目标显得有条不紊、架构清楚。

现在你已经弄清楚要抵达什么地方，接下来的任务就是要让每个人都发挥更多创意。你可以进行以下几个活动，让左脑（逻辑分析）跟右脑（创意与抽象思考）都运用起来：

（1）提出 3 个神奇问题。这 3 个问题很基本，

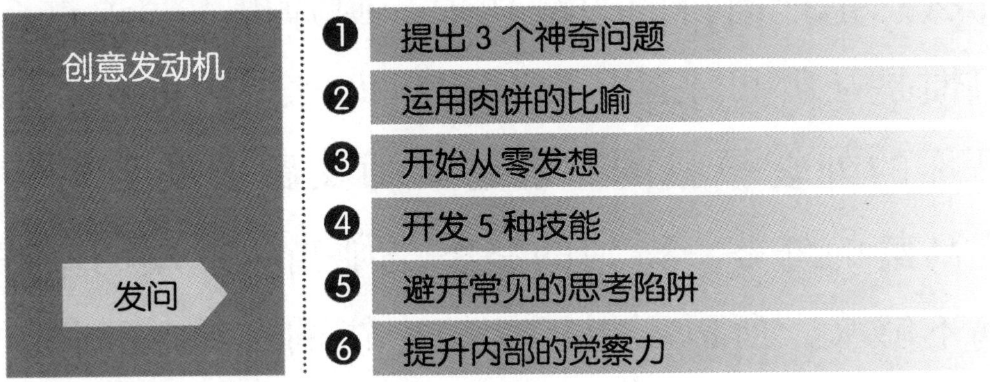

但却威力十足。要开始全新的思考，就要经常问自己：

问为什么，代表你了解目前的情况。问假如，可以提醒自己应该更开放，探索新的可能性。而提出为何不，则可以帮助自己了解计划可能遇到的限制。

（2）运用肉饼的比喻。有人问一名厨师，为什么总是把肉饼的边缘切掉。厨师也不知道这个习惯是从哪里来的，就回家问母亲。母亲说，那是你的外婆教我的。于是厨师又跑去问自己 98 岁高龄的外婆，得到的答案是她当年使用的平底锅不够大，所以不得不切掉肉饼的边缘。我们常常就像那位厨师一样，沿袭过时的传统，而那些传统在过去或许有道理，但在今日已经不适用。如果你能够试着找出组织里的“肉饼”传统，那就意味着你已经跨出寻找新鲜创意的第一步。

（3）开始从零发想。对任何新观念和新方法都采取完全开放的态度，你可以利用以下方法来进行：

◎在一个大箱子里随意放入一些东西，看看能用什么有趣、有创意的方式把那些东西联系在一起。

◎连问自己 5 次以上为什么，深入探讨眼前问题的核心。

◎针对同一个问题，先把视角拉近，仔细

探究那个问题如何影响了自己。然后再把视角拉远，看看那个问题如何影响了一家公司、一座城市、一个地区或是一个国家。利用不同的视角来找出全新的解决方案。

◎融入客户的生活，了解他们的需求。

◎问问新进员工对新的工作环境有什么看法，有没有什么地方让他们感到惊讶，无论好坏。

◎试着在身边或事物的表象下面，找寻新的创意角度。

（4）开发5种高超的创新技能：

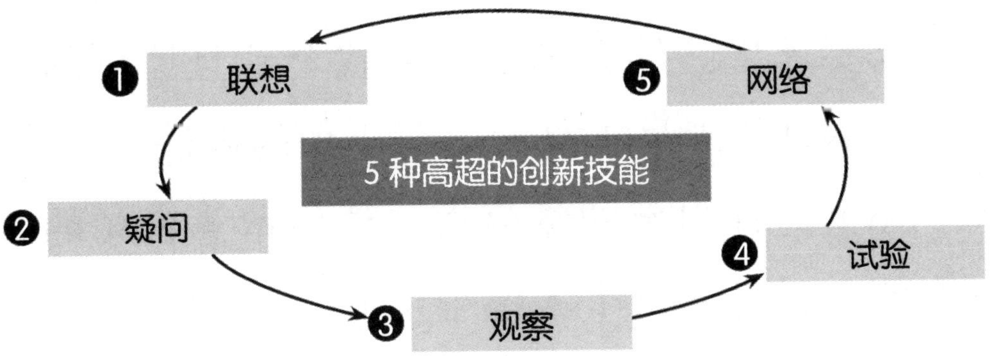

◎创新者会以极富创意的方式，把各种概念和人、事、物联想起来。

◎顶尖的创新者会提出一大堆开放性的问题。

◎创新者善于观察问题，然后想象事情如何才能变得更好，更不一样。

◎创新者会多方涉猎并不断试验，直到找出最有效的方法。

◎创新者善于组织人际关系网络，让拥有各种技能的人才都能够挑战自己的思考方式，一起激荡出深刻见解。

（5）避开常见的思考陷阱。你会不由自主地从过往经验中寻找可行的解决方式，而不是寻求新的方案。如果你意识到自己正是如此做的，那你可以要求自己的大脑继续寻找全新且原创的点子，而不只是满足于复制以前成功的做法。

（6）提升内部的觉察力。请你留意公司的大小事务。职场上每个人都很忙碌，因此很容易忽略那些关于改善契机的重要暗示与线索。然而世界上所有工作场所都是一样的，都存在许许多多可以让事情变得更好的机会，只要再留心一点，就可以抓住。毛里求斯国家银行就是个好例子。这家银行注意到许多客户都是狂热的足球迷，因此为他们提供了一种特别的账户，该账户所支付的利息由客户喜欢的球队赛绩来决定。结果客户疯狂地爱上了这个点子。银行也因为提供了这项差异化的产品而在竞争之中独占鳌头。

大部分企业和个人缺乏的不是出色的天赋，而是一个能让天赋展现出来的体制。有些企业拥有完整的体制，几乎顾及到了从电话接听到保安警报每个层面，却往往没有一套可以协助开发管理创意的制度。创意很重要，公司却只能期待它从天而降。主管们一方面把创意的产生视为理所当然，另一方面却又疑惑为何没有缔造增长佳绩。创意开发 5 刀法就是要让组织中的每个人都有一套发展自己创意的流程，并将创意带回企业的核心——回到它应有的位置。

创意是非线性的、抽象的，它无法恰巧塞进一个框架里，而且也不可预测。在某些日子里，你可能会很有灵感而且极富生产性。而在其他日子里，你可能没什么真正的成效。某次创意大爆发之后，接下来可能就是停滞期。展开创意思考的时候，你必须允许自己处于混乱且非线性的状态，因为创意就是这样子。请记住，你是在学习一门艺术，而不是一种技术。

关键思维

我们的重复行为造就了我们，所以卓越不是一种行为，而是一种习惯。

——亚里士多德，古希腊哲学家

所有的真理都会历经 3 个阶段。首先它会受到嘲弄，接着会遭到激烈的反对，到了最后则会被当成不争的事实。

——亚瑟·叔本华，德国哲学家

我之所以能够成功，创意是最大而且最重要的因素。我们处在一个高度竞争的产业，一切都在商品化。这是一个龙蛇混杂的产业，强悍的对手正在无情地厮杀，大家都想瓜分消费者的注意力。以我们公司来说，我们必须提供不一样而且又吸引人的东西，那就是为什么我们需要创意。如果没有创意，我们就一点儿机会也没有，特别是在经济不景气的时候。

——约翰·巴勒多，Hour Media 发行人

创意往往需要跨界思维。那些最有创意的人，可以看见其他人看不见的关联。

真正的原创从来就没有什么公式，规则正是创新者要打破的东西。

——乔希·林克纳

二　准备

运动员和音乐家在上场前都会先热身，让自己有良好表现。如果想得到真正具有创意的点子，你也必须做点儿热身。首先你必须摒除跟创意有关的误解与陷阱，接着准备一个适合创意思考的环境，然后再开始热身运动。

各行各业中最顶尖的人在拿出优秀表现之前，都必须做一番准备工作。你在进行创意思考的时候也必须一样。一般来说，这样的准备包括两个方面：

1. 在心态和企业文化上做好准备

有许多方法都可以帮助你在心理上做好准备，比如：

◎下次开会的时候带一个沙滩排球过去。开

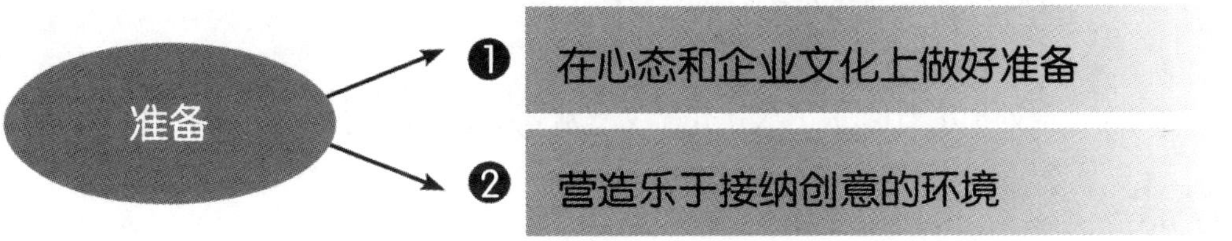

会之前先放一段喧闹的重金属摇滚乐，然后花 90 秒玩一下抛接沙滩排球的游戏。

◎走出办公室进行一趟实地考察，体验一下酷炫有趣的事物。

◎花 5 分钟做游戏，从每天单调、重复的事务中跳出来。你可以随意指定杂志上的一张照片，要大家详细描述一下，或是做点其他有趣好玩的事。

◎汇编一些能鼓舞人心的励志名言，让人大声念出来。

◎头脑风暴时间不要太长，但要全神贯注。

以上方法可以让大家进入创意思考的氛围，但你还必须营造一个让创意广受欢迎的企业文化。这样的企业文化有以下特征：

◎允许并鼓励大家跟着热情走。

◎赞扬、奖励新点子。

◎鼓励每个人挑战现状，找出更好的工作方式。

◎鼓励员工勇于发挥创意，就算最后不如预期也不用担心。

◎找到鼓励人们勇于尝试的方法，并快速评估可行性。

◎鼓励员工思考、行动时，要像在一家刚起步的小公司那样行动灵活，而不能像在一家大公司那样行动迟缓。

◎欢迎所有人提出看法，让不同想法都能发挥最大效果。

总之，必须确保公司文化是重视和欢迎创意的，而不是让其遭到扼杀或漠视。竭尽所能做到这点之后，人们自然会贡献出许多新鲜的点子。

2. 营造乐于接纳创意的环境

第二种方式是改造周遭环境，帮助酝酿创

意。一个有创意的环境可能表现各异，不过仍有一些企业的成功案例可供借鉴：

（1）跟随谷歌的脚步，打造一栋谷歌式企业总部。里面有大会议室，放着沙发、办公桌与白板，大家可以聚在一起交流互动。

（2）把原本平凡无奇的办公室变成酷炫的办公空间。你可以试着摆上一些新潮的艺术作品，大胆采用鲜艳的色彩、螺旋式楼梯，露出梁柱，并设计出大量的自然采光。

（3）每隔一段时间就做些调整——安排能活动身体的项目或调派员工到其他部门工作几个月，让每个人都能不断地得到新鲜刺激，尝试新的体验。

（4）让大家远离办公室，专注于富有创意且外延广泛的思考。要达到最佳成效，必须在一开始就有清楚的目标并设定一个主题。一开始就明白告诉大家，任何新鲜点子都会受到欢迎，绝不会遭到批评。然后每天先开两小时会议，接着是休息或活动。接着进行两小时焦点讨论，然后再安排其他活动，以此类推。如果活动的方式既富有变化且充满趣味，最好的点子自然会源源不断地出现。此外，还应该鼓励所有人都参加，最好的点子说不定会从最不可能的地方冒出来。

（5）每年甚至每个月都安排一天空闲，鼓励员工从事他们从来没有做过的事，像跳伞、阅读小说或是上舞蹈课等等，看看这些变化会带来什么不一样的思考。

（6）去一个能够激发灵感的地方。

（7）在办公空间摆上一些能激发创意的事物。爱迪生有一张著名的思考椅，他就是坐在那上面想出最好点子的。Pulse 220 营销公司则准备了许多水瓶，并贴上创意果汁的标签。虽然每个人都知道那里头装的只是水而已，但喝下那些创意果汁还是能让他们用不同的方式来进行思考。开发一个能激发创意的东西，以便时时提醒员工运用具有创意的方式进行思考。

关键思维

要深入了解一个人，与其跟他谈一整年，还不如跟他一起玩乐一小时。

——柏拉图，古希腊哲学家

世界上最强大的武器就是充满热情的灵魂。

——费南迪·福煦，法国军事家

三　探索

你必须探索通往创意大道的各种可能性：跳出平常的做事方法，刻意从不一样的角度看事情；找出可以利用的转折点；寻找可以借用的想法或模式；把问题翻转过来，从不同方向思考。

人们常常说“我们一向这样做”或是“这是标准做法”，要挣脱这些紧箍咒其实并不容易。经济不景气的时候，一句“我们现在没有尝试新东西的余地”就如同泰山压顶一般，让人无法动弹。然而，你还是必须从新角度来看问题，否则要想拥有创意点子将是非常困难的事。那么，究竟要如何做才能发现既新鲜又有创意的点子呢？你可以试试以下 5 种方法：

（1）从不同的角度看问题——从新鲜的角度

创意与活动	
探索	❶ 从不同的角度看事情
	❷ 抓住转折点
	❸ 借用点子
	❹ 把问题翻转过来
	❺ 寻找可以运用的模式

来看事情常常可以带来新奇有趣的点子。比如，假装自己是音乐家、建筑师、某个假设的对象，甚至可以是恶棍。从这些角度来看事情的时候，自然就可以看到问题的不同方面，不同的解决方法和可能性也就随之而来。这些解决方法就可能引发具有创意的新点子。

（2）利用任何可能的转折点——当社会出现改变或新的方向时。不论是新科技的出现还是人们重视的事物、新风潮的出现，对企业来说都可能是非常好的机会。留意形势的变化——它随时可能发生，在客户的生活、你所处的产业或你的国家中。

（3）从别处借用好点子——借用其他领域

的成功做法来应对眼前的挑战。史上许多成功的商业点子都是直接取法于自然。发明家乔治·德·迈斯德欧想出魔术贴的点子，得益于他去瑞士阿尔卑斯山打猎的经历。他和猎狗的身上都沾了很多的苍耳种子，他仔细研究想出了魔术贴的点子。一家金属公司观察了鲨鱼和食人鱼的牙齿跟下颚之后，发明了新一代的切割工具。ePrize 则把共同拥有飞机所有权的概念运用在网络营销上，联合众多公司一起提供特别优惠。霍华德·舒尔兹是坐在意大利一家雅致的咖啡店里，灵光一闪想到了开设星巴克的点子。把在某个领域里已经成功且被证明可行的点子用在完全不一样的地方，是一个得出新鲜创意的方法。

（4）翻转问题——改变一下你要处理的问题。任天堂在面对索尼 PlayStation 以及微软 Xbox 的挑战时，并没有利用更高级的技术来开发下一代产品，而是改变了公司要解决的问题。任天堂没有设计出更高级的游戏机，反而利用红外线感应提供生动的游戏体验。任天堂的 Wii 放弃按钮，让玩家改用控制器来进行虚拟现实的操作，获得互动式的游戏体验（即使其画面和音效在技术上都比不上竞争者）。一直到现在，Wii 都还是全世界销量最佳的游戏机。所以，有时候倒过来看事情可以让你掌握全新的利基市场。

（5）从其他地方寻找模式——将其用在你正在进行的事情上面。第二次大战时，军事计划的制定者利用鸟群的飞行模式来制定空袭计划。20 世纪 80 年代初，Minnetonka 公司研发液体肥皂的时候，由于担心其他财力雄厚的大公司加入竞争，便采用了《孙子兵法》里的计策：Minnetonka 向当时仅有的生产塑料压头的两家公司，订购了一亿个压头——相当于两家公司接下来 18 个月的全部产能。也就是说，在液体肥皂产品上市以后，Minnetonka 公司将有一年半的时间能够独占市场，然后其他竞争者才有机会推出自己的产品。你可以发掘无数的商业模式，并不断地一再利用它们。

关键思维

创意随处可见。我鼓励大家运用这些探索技巧来找出藏在组织内、业界及其他地方的创意。在探索的过程中，你需要勇气、好奇心及观察力。但就像探索世界可以发现新大陆一样，愿意寻找创意源头的人将获得巨大的报酬。

——乔希·林克纳

公司不能光靠我一个人，那就是为什么需要有 6000 只眼睛仔细检视我们的企业，并提出各种富有创意的方法。到处都是成长机会，我们需要鼓励员工把话说出来。不然为什么既聘用聪明又有天分的人，却又从不让他们发表意见？

——丹·吉尔伯特，速贷公司总裁

四　点火

要让创意自由起飞，可以使用Imbizo团体、烫手山芋游戏以及错误答案等12种技巧来激发创意的火花，然后再运用8种方法来帮助把火花变成货真价实的创意。

如果你想真正发挥自己以及团队的创意点子，就必须拥有足够的支持，让你突破所有可能阻挠创意进行的障碍。换句话说，当擦出一些创意的火花后，你必须保护这些还很脆弱的火花，让它可以燃烧起来。好的点子不可能只靠瞬间的灵感就完备——它的具体成形犹如一场进化。你必须小心，不要让刚出现的火花在还很脆弱的时候就熄灭。

你可以通过以下12种方法擦出创意的火花：

（1）组一个 Imbizo 团体——Imbizo 是祖鲁语，意思是聚会。如果要激发新鲜的创意思考，一个最好的办法就是把一群来自不同背景、不同领域的人集合起来，让所有人一起讨论一个主题，然后看看会激荡出什么点子。

（2）玩烫手山芋游戏——把一个橄榄球随意抛给团体中的一位成员，接到球的人必须提出一个能够给客户提供更新、更好的新点子，接着再把球抛给下一位。让大家脑力激荡一阵子，请一个人把点子记录下来。由于每个人都是靠临场反应，因此常常会有有趣的点子出现。

（3）从中间开始并往外延伸——不要从计划的第一页开始写起。先提出一个强有力的结尾，激荡出一些富有创意的思考，然后再开始思考达成那个目标的方法。仅是调换一下事情的先后顺序，就有可能激发出一些新鲜有趣的点子。

（4）先把错误答案列出来——列出和你想做的事完全相反的想法。例如提出类似的问题："我们怎样做会让产能下降三成？”然后把所有想到的答案列出来。在这样的过程中，一些能够让事情变得更有效率的点子也有可能冒出来。在那些有趣的负面点子中，常常藏着一些可以带来重大突破的创意。

（5）给大家提供过量的刺激——给每个人来一杯浓缩咖啡或是红牛饮料，然后抛开眼前的问题，做一些完全不相干的事，等大家神清气爽地回来时，再思考出有创意的点子来解决问题。令人惊讶的是，当你做别的事情的时候，潜意识常常会帮你找到解决问题的方法，你只管接收脑袋里浮现的想法就行。

（6）踏进时空胶囊——想象你跳进时空机器然后回到50年前。那个时候的人会用什么样的办法来应对你所遇到的挑战？接着跳到100年后的未来，到那时候人们又会用什么办法来解决这些问题？试试这种改变时空的方式，看看会不会有宝贵的创意火花冒出来。

（7）运用作家海明威的衔接写作方式——撰写创意计划的时候，每写完一章，就替下一章写好开头，这样在写下一章的时候就不用从一片空白开始。海明威就是运用了这个方法，在第二天写作的时候就可以直接进入状态，不用再从头打草稿。每完成一部分创意挑战，就先开启下一阶段计划，事情会更容易往前推进。

（8）让自己扮演不同角色——从客户、供应商、投资人、员工、媒体或其他人的角度来看眼前的问题，找出他们在看这个问题时注重的优先顺序有何不同，看看改变心态会不会激起不同的创意点子。运气好的话，这种方法常会带来一些有趣的收获。

（9）发表极富煽动性的言论——然后看看会不会激荡出有趣的讨论。即使是明显愚蠢的点子，像“房子不应该加盖屋顶”，也可能发挥作用。有趣的是，只要有机会，荒谬的点子往往可以摇身一变成为不错的创意。

（10）找出恼火的时刻——对于某个情况、某个产品或某项服务感到非常恼火的时刻。准备一份清单，不时想想有无可行的解决方案。费雷德里克·史密斯发现自己找不到可靠的隔夜包裹寄送服务后，创立了联邦快递。唐·卫兹发现自己无法在银行下班时间从账户里提钱，于是发明了自动柜员机。每个恼火的时刻都可能是创意的起点。

（11）涂涂写写——发散思维，涂鸦，写下来，然后不断重复。让你的脑袋天马行空一番，然后随意涂鸦，描述解决方法，画出有趣的草图。玩乐会让创意自然出现。

（12）想出报复的办法——过去曾经让你不愉快的人，你可以做些什么来激怒他们？想想怎样做才能报复你的老板，将是一件很有趣的事。这会大大跳出你平常的思考模式，会激发出有趣的点子。等你列出这些绝对不该做的点子后，仔细瞧一瞧，里面可能会有一些无伤大雅却值得尝试的好点子。

重点在于，你必须把不同事物结合在一起，让创意动起来。你可以试着在不同的地方进行脑力激荡，并在每次开始动脑前进行不同的热身活动。常常变换会议的议程，也要不时变换会议时间。要采取不同的脑力激荡模式——如果今天的目标是想出渐进式的解决方法，下一次就改成想出全面创新的大胆创意。让事情充满变化不仅可以让心里充满新鲜感，也可以给创意火花提供理想的孕育环境。试着尝试各种不同的组合，这样你就可以直达人类与生俱来的创意源头。

要激荡出高品质的新鲜创意，建议你遵守以下 8 个原则：

（1）不可妄下判断：一旦开始批评，创意思考就会中止。让每个创意的火花都能冒出来而且被人听见。要评估的话，以后还有很多时间。

（2）不可评论他人的点子：负面评论会让人们拒绝再次参与。你应该给的评语应该是“酷”

或“听起来真不赖”。

（3）不可润饰：让点子以原始的面貌出现，不加修饰也不受制约。一旦你试着变得有条不紊，创意思考就会停顿。

（4）不可执行：在这个阶段根本不要担心执行的问题。如果你开始担忧那些琐碎的细节，创意就会瓦解。专注在点子上，即使是异想天开或明显不切实际也无妨。

（5）不可担忧：恐惧会堵住创意的出口。只要释放出自己的恐惧，自然就能让创意自己发挥。不要担心自己表现得过头或是看起来愚蠢，一切存在都是合理的。

（6）不可往后看：不要让过去的失败妨碍你的思考。只要点子有可取之处就可以提出来，即使那个点子曾经失败过，要知道世事总是一直在变化。

（7）不可失焦：不要离题万里。你要全神贯注地去想要解决的问题。建立一个“停车场”，把所有想到的点子都存放在里头，以后再检验、讨论。

（8）不可泼冷水：拉拉队员可以给人活力，泼冷水的人则会让人兴致全无。请努力当拉拉队员，不要当泼冷水的人。

如果决定通过脑力激荡来找出新鲜点子，请复印这8条守则并发给每一个人。如果有人想打破任何一条，就用铃声或其他道具来提醒他，让大家知道一定得严格遵守。

进行脑力激荡时，还可以通过以下活动来唤起大家的热情与创造力：

（1）偶尔试试极端思考——将脑力激荡的点子推到极限，把提出的建议尽可能地夸大，看看这些与众不同的想法是否确实可行。

（2）分组进行——将人们分成两组，每组列出200个以上的点子。把所有能想到的前卫、反传统、离谱、过于昂贵、完全不切实际的点子都列出来。而最好的点子通常会在名单的最后，而不是一开始就出现。

（3）邀请虚拟的乔布斯加入团队——想象一下苹果电脑公司的传奇 CEO 就坐在那里听你发表构想，你在做的大事会给他留下深刻印象吗？如果不会，你要如何增强自己的力量呢？你也可以假想在座的是爱迪生，你甚至可以在做演示时，指派某人假扮那个大人物坐在那里——只要有帮助，任何方式都好。

（4）试试东奔西跑技法——列出以下重点：

◎替代方案 Substitutes：替换个别元素。

◎组合：把个别元素组合起来。

◎改良：增添新元素。

◎放大或缩减元素。

◎改变用途：把点子用在不同的地方。

◎削减：删去某些方面或功能。

◎重新安排：全新组合。

（5）反其道而行之——提出违反业界传统的建议。例如 Zipcar 租车的汽车共享商业模式就颠覆了传统的租车方法，结果大获成功。反潮流的做法永远都有市场，只要你允许自己往那个方向去设想，就可以进入那个市场。

（6）试试 Reese's 花生酱巧克力的策略——Reese's 的著名广告词："你的花生酱跑到我的巧克力里了！""不对！是你的巧克力跑进我的花生酱里了！"把两个原本互不相干的东西放在一起，想象一下可能会出现什么结果，例如 SUV 车就是轿车加卡车的组合。通过任意拼凑得到奇奇怪怪的组合，就可以找到数千种有趣的点子。

（7）给每个人戴上眼罩——一开始先不说明目标，等大家在黑暗里摸索一阵子后再抛出一个主题，让大家开始讨论。这样，讨论的内容才不会被那些想当然的方法主导。只有避免固有成见，那些有趣而罕见的构想才有机会冒出来。

（8）进行脑力写作活动：发给每个人一张白纸，然后让大家用 3 分钟的时间写下解决问题的提议。接着收回大家的答案，再随机抽出一张，让每个人都在上面补充，直到一个绝佳的点子出现。这个方法的好处在于，讨论的焦点不会一直围绕着职位最高或最会说话的那几个人打转，而且也可以避免团体犯迷糊。另一种类似方法则是让每个人都写下自己的点子，然后交给左边的人，由他大声念出来，再加上他的看法，让点子传阅下去。让所有写下来的点子都传阅一遍。

许多技巧都可以拿来激发新鲜的思考。试着采用不同的技巧，看看哪一种最有成效，哪一种则可以带来最吸引人的点子。不断尝试，你就可以找到激荡创意火花的方法，最终把这些火花变成爆炸性的点子。

关键思维

我无法理解人们为什么惧怕新的观念，我反而惧怕旧的观念。

——约翰·凯吉，美国前卫音乐家

创意就像兔子一样。你先养上一对并且学会怎么照顾它们，然后很快你就会有一大堆。

——约翰·斯坦贝克，美国作家

五 启动

到了创意开发5刀法的最终步骤。你必须再一次把逻辑思考跟创意整合在一起。这个阶段就是要把创意化为行动。选出一个或多个上佳的点子，决定主要的评价指标，然后制订行动方案，让构想成真。

在开发创意时，必须施行企业管理的纪律。要让左脑跟右脑一起配合运作，并依序进行以下4个基本步骤：

❶ 找出最佳创意
❷ 测试你的创意
❸ 决定评价指标
❹ 制订行动方案

1. 找出最佳创意

有很多选项可供选择是一件好事，但你无法同时测试所有点子。你可以利用以下几种方法，选出最有力的 1~2 个创意：

（1）设计评分标准——根据几个对你来说最重要的系数，帮每个创意打分数，以 1~10 分来评价，选出得分最高者。

（2）试试筹码法——给每个成员发 10 个筹码，让大家把筹码押在自己喜欢的创意上，不管押多少个都可以。得到最多筹码的创意就胜出。

（3）使用陪审团法——成立一个遴选小组，在各计划的支持者正式提报后，由小组成员共同做出选择。

（4）对比这些构想和企业价值——找出最符合企业价值也最符合企业文化的创意。

（5）把创意摘要变成计分表——用创意摘要中提到的元素，以 1~10 分给每个创意评分。

2. 测试你的创意

投入资源之前，你一定要先测试创意是否可行。这个步骤可以帮你省下大量的时间和金钱，还能减轻挫折感。进行小规模测试的时候，应该先设计出成本低的简单原型，看看构想是否符合现实。以下几种方式可以让你设计出便宜又实用的概念验证原型：

（1）做一个实体原型，即使非常简陋或没什么科技含量也没有关系，然后评估原型是否合用。

（2）如果你的点子是一项服务，那你可以进行角色扮演，有的人负责销售，有的人负责使用，看看是否有明显的缺点或不足。

（3）找出一个可行的方法来模拟构想成真后的样子。

（4）为构想制作或剪辑一段类似 YouTube 上常见的视频，或是把构想改编成一首歌、一张图或一个故事。

（5）在观众面前进行产品演示。如果可能

的话，举办一场“大赛”，让同一群观众观看不同的创意演示，然后找出他们反应最为热烈的构想。

（6）帮几个新点子准备产品宣传单与规格说明书，然后交给顾客。有人下订单的点子就可以进行下去，其他的就默默退场。让顾客用钱包来投票决定哪些是最佳创意。

3. 决定评价指标

一旦把范围缩小到1~2个最佳创意，就要计划一下如何评估成果。请专注关键评价指标。

有些公司会在办公室的大屏幕上播出评价指标，让全公司的人都参与其中。如果你能够以足够有趣的方式来公布5~8项指标，那么组织里的每个人就都会同心协力，使出浑身解数来推动事情进展，特别是当成效会带来实质性奖励的时候。

4. 制订行动方案

准备启动应该是个令人兴奋的时刻，因为你

所做的努力即将有收获了。不要忘了帮构想订出详尽的执行计划，这样它才不会在发射台上就爆炸。行动计划应该包括以下几项基本要素：

◎财务估算，特别是预算跟投资报酬运营模式。

◎负责推动计划的小组中，每位成员所要扮演的角色与担负的责任。

◎详细的行动时间表，其中清楚地订出重大进展的时程表和里程碑。

◎风险分析和事先准备好的应对计划。

◎列出所有需要的资源，包括资金、人力、时间、设备、工具、差旅费等等。

◎营销计划。

◎沟通计划与产品上市计划。

最后不要忘了，在新构想推出之后，每个人就该回到原本的轨道上。一定要让你的新构想融入公司体制，这样才能持久，而不只是昙花一现。

敲开创意脑袋

The Do-It-Yourself Lobotomy

Open Your Mind to Greater Creative Thinking

原著作者简介

汤姆·莫纳汉（Tom Monahan），Before & After公司总经理兼创意总监。曾任美国波士顿大学讲师及广告公司创意指导，也辅导过多家全球知名公司，包括AT & T、ABC电视台运动频道、麦当劳、德州仪器和《华尔街日报》。

本文编译：田若雯

主要内容

5分钟摘要

操练创意思考技巧

要在21世纪竞争激烈的商业环境中生存并力争上游，就得源源不断地产生创新点子。如果不能加强创意思考的技巧，就等于把成功机会主动奉送给竞争对手。

要怎样才能学会创意思考？人类的心智是世上最强有力的工具，只是有时被塞进太多的事情和知识，无法真正展现出构思新奇、原创点子的长处。要获得创意思考的能力，就一定要放弃各种已知。换句话说，你必须自己动手进行“开脑手术”，丢掉旧知识，腾出空间，以储备未来的新知识和商业上的新鲜点子。

在这种“脑部手术”后，你会看到下列成果：

◎自己和组织成为新鲜点子的生产者，从而奠定成功的基础。

◎想出能引起讨论的突破性点子。

◎构思一些点子来打造商机，从而推动未来成长。

◎组织在各个重要领域都能有所进步。

◎让自己走在时代前列，提供最先进而不是高仿的产品或服务。

◎在竞争对手察觉前，就已经把自己的创意新点子转换成商机无限的产品或服务。

◎真正成为相关领域的领导者。

总之，把努力构想的新点子打入市场，绝对可以换来可观的收益。通过创意所带来的力量与竞争优势，你在商业活动中就能拥有更大的优势。

一　创意思考的必要性

从根本上看，创意就等于解决问题。除非能解决影响自己、客户或其他潜在顾客所面临的问题，否则就算不上有任何创意。寻找解决方案，正是整个创意过程的灵魂。

要成为社会上最具创意的人，就要能够解决影响最多人的问题——克服问题就是创意背后的驱动力。如果眼前没有现成的解决方案，那么你就得自己构思一个。如果已经存在解决方案，有创意的人也还能找出方法，予以强化或改进。

商业世界每天都在改变，多数人费尽了气力来抗拒。比较好的方法是主动激励自己找出解决方案，利用改变来引发创意思考。处理问题是所有企业都会面临的，只不过有时问题出人意料或者让人措手不及，有时又会留给你足够的解决时间。

在商界普遍存在对创意的误解，认为创意与艺术天分是同一回事。有时候的确是这样，然而对大多数人来说，这根本是两码事。艺术天分多数与生俱来，但创意思考却是每个人都能进行的。事实上，创意真正需要的不过是一个独创点子，剩下的创意过程只是装饰罢了。在生命中的任何时刻，每个人都有想出新点子的无限潜力。

那么，现今所谓的创意到底有何意义？不妨想想下列事实：

（1）得益于科技的进步，愈来愈多人是用脑力而非体力在工作。

（2）过去，知识就是力量。在今日这个信息时代，大量知识自由流通，唾手可得。因此，只有快速运用知识为顾客解决问题的公司才拥有真正的影响力。

（3）创意思考是改进现状的唯一方法，但必须配合行动双管齐下。你必须既要思考也要行动，才能领先众人。

（4）现今人们普遍认为创意是一套系统化的过程与技巧。但企业里有高度成就的人，无时无刻不在做创意思考，因为所有既定流程，必定都有尚待改进的空间。

（5）产生原创性点子的最佳方式，既非一板一眼，也不是顺其自然。要找出新鲜点子，往往需要即兴的、非线性的、矛盾的甚至是不合常理的思考方式。关键在于要找到一套方法，让人可以从混乱的思绪中萃取出价值连城的点子。

（6）绝妙点子延续的潜力非常惊人。史上有许多绝妙点子，延续至今仍然对大众有影响力。绝妙点子几乎是永垂不朽的。

（7）坏点子也会广为流传。事实上，坏点子经常流传得比好点子还快，影响的范围也很广。

（8）地球上每个人都有无穷的创意思考能力，可惜的是，只有极少数人才能真正利用。绝大多数人都在思考已知而非未知的东西，而新点子总是来自各种未知、可能或假设的情况。要获得创意思考的能力，就得让自己的思绪离开舒适区，进入混沌未明或不安定的领域。

简而言之，要充分利用自己的创意思考力，就必须知道且明了整个创意过程以及创意在日常生活中扮演的角色。

对企业来说，新鲜点子是成长与成功的润滑剂，不管是深具创意的营销点子、劲爆的广告点子、为客户服务的点子，还是其他各种领域里的新鲜好点子。商界的成功人士都是在这场高赌注、高报偿竞赛中主动出击的人。

创意思考不再是少数人的专利，也不只是在公司年度计划会议上的脑力激荡。它是一流企业中的成功人士必须持续操练的能力，因为公司永远都会有进步空间。在瞬息万变的商业环境里，要想永远保持竞争优势，不只是公司，个人也要随时保持最佳状态。

创意是一个系统的过程，也是一套有意识的

技巧，它在现今企业中的地位，就像当年全面品质管理的地位一样。

关键思维

我认为，没有问题，就不可能有创意出现。在解决问题时，创意往往发挥得淋漓尽致。

——汤姆·莫纳汉

二　创意思考工具箱

1. 问出更好的问题

人类思维范围其实远比日常活动所需的还要广。因此，要想获得更好的灵感就需提出更好的问题。

这项工具简单，听起来似乎毫无价值。但是通过梳理并放弃那些仅是自己略感兴趣或一知半解的事情，提出问题的过程就可以引领想象力到达一个从未想过的高度。

通过提出更好的问题，你可以比别人站在更好的创意起跑点上。好问题能引发好奇心，延展心智，解放想象力。只要能接二连三地问出好问题，就能培养出全新眼光，来看困扰别人多年的问题。

（1）实际操作。先假设自己对过去别人解决这个问题的方法一无所知，接着马上提出所有新手都会问的一些问题。不要被业内现成的运作手法牵着鼻子走，新手会提的问题往往更合乎逻辑和常理。

你也可以提出现在看来完全错误的假设，然后试想这些假设都成真的话，事情会有什么不同。最后再看看对心智造成的刺激，是否引发有趣的点子或思考方向。

你也可以这样自问："产品设计上，有哪些可以做到与众不同，完全出人意料？如果产品已经很特别，还能做些什么让产品更不一样？"这样可能激起你一些崭新的想法。想到的设计愈古怪、愈新奇、愈不寻常，想出独创新产品蓝图的可能性就愈高，也就愈能产生原创性的好点子。

（2）范例。假设你要找一些创意来提升电视台的新闻节目水准，这时候与其自问"过去别人做了什么"，还不如问些更好的问题，如：

◎如果新闻播报时间只有一分钟，我们该怎

么做？

◎没有主播该怎么播报新闻？

◎没了音效如何播报新闻？

◎在24小时新闻节目中，新闻内容如何才能不重复？

或许你可以在新闻播报时加入更多的图表资料而非播报人员。这样即使出现许多嘈杂的噪音和干扰，观众仍然可以自行了解节目内容，你也可以利用字幕传递更多信息，例如时间、温度或其他资料。

2. 比平常更早提出问题

事情拖到最后一分钟才肯动手是人类的天性。但在寻求创意这个领域，磨蹭到最后一分钟再做却可能让你错失利用潜意识擦出火花的机会。

因此，早点提出问题，自己就可以早点开始思考。尽早提出问题，就有充分时间彻底思考，从而提高想出好点子的机会。

另外值得注意的是，这项工具除了能激发

独创一格的原创想法之外，还是时间管理的好帮手。因为有了更多找寻灵感与落实神来之笔的机会，你就可能因此而成为更好的思考者。

（1）实际操作。试着在期限前一周列出所有问题：给自己愈多时间进行思考，就愈有机会想出绝妙好点子。

哪怕实际展开工作时已临近期限，你还是得先问问自己心中最主要的问题是什么。这样有助于将问题投入潜意识中，然后即便是微不足道的小事也可能引爆“伟大”时刻，从而让极具创意的解决方案突然从脑中蹦出来。

若想成为个中好手，就得试试下列做法：

◎刚接到工作时，先花20分钟时间，尽可能把问题彻底想清楚。

◎试着每天花5分钟想想问题。

◎在期限前一星期，再坐下来用20分钟时间把问题思考一遍。

◎写下所有能想到的点子。

（2）范例。你需要多久才能想出一个解决方案？通常用不了一秒钟。因此多数人才会等到最后一分钟开始想办法。

不妨这样想想：

◎一天有86400秒，如果能比平常早一天开始找答案，就有86400个机会来想出更好的解决方案。

◎一周共有604800秒，所以只要在期限前一个星期开始，就有超过50万个机会可以想出新点子。

◎人在潜意识状态下，处理信息的速度会比较快。早点开始想问题，即便在睡眠状态也可能想出原创点子，其结果可是相当惊人的！

3. 疯狂时速思考法

简单地说，疯狂时速思考法就是在极短时间内，尽可能多想出各种点子。举例来说，你可以训练自己在15分钟内想出50个点子。

很明显，这里强调的是量而不是质，但疯狂

时速思考法的微妙之处不止于此。速度可以带来思考冲力、抑制评判和避开恐惧，使人面对失败不再那么痛苦。要快速地批量生产点子，否则可能在表达出来之前，那些想法就被你自己的内心过滤掉了。

要成功运用这项工具，就需保持单纯，不要让疯狂时速思考法把事情弄得比原本还复杂。正如字面意思，疯狂时速思考法的目的是尽可能快地想出最多点子，然后再从众多石头中找出璞玉。

（1）实际操作。这项思考法的操作要诀是，提醒自己不要为每个想法加注解，尤其是当这些想法还停留在概念阶段时。少了这层压力，就不会埋没一些看似荒诞不经但实际却极富创意的想法。

坏点子有时也会是孕育好点子的沃土。你头脑中活跃的点子越多，产生看似奇怪但实则有用的点子的机会就越大。

请记住，即使在100个点子中有99个都毫无用处，那硕果仅存的点子也有可能既有用又赚钱。许多成功故事都是由单纯的创意引发的。

人们追求完美的天性及做事时的制度规则，往往与创意能力背道而驰；而害怕失败，害怕在别人面前丢脸，同样会阻碍创意的发展。疯狂时速思考法可以让想法在瞬间大量涌现，数量之大、速度之快会让人来不及判定哪个比较好。事实上，这种创意法是以失败为基础的，失败次数愈多，就愈有可能想出好的东西来。

（2）范例。

◎主持研讨会时，可以把成员分成3～5人一组，然后不管点子好坏，能想出最多点子的小组就可获得奖品。也可以让各组成员选出自认为最好的2～3个点子，在会中报告并进行讨论。

◎不断提醒自己，好电影总有许多片段被丢在剪辑室，好的音乐专辑背后也有许多歌曲曾被列入考虑，但最后未被收录。

◎在各项运动中，成功的选手通常会比一般选手经历更多失败，也准备冒更多风险。要鼓励人们快速尝试失败，因为每次失败都会让他们更接近成功之路。

◎在房间各处放置大型垃圾袋，让大家知道丢弃上不了台面的点子没什么丢脸的。

4. 180° 逆向思考法

180° 逆向思考法是指通过和一般认知完全相反的方向进行思考的方法。也就是说，每遇到一种经过证实的有效方法，你就试着朝截然相反的方向走，看看这条思考路线会把自己带到何处。

这项思考法强调不盲从的原创性思考。许多极具价值的创意点子，在概念成形或执行阶段，都会顽强地力抗传统思维。这样的想法加入了原创因素，令人耳目一新。

许多人觉察不到自己已经陷入惯性思考的窠臼，而 180° 逆向思考法可能让人想出好点子。

（1）实际操作。过去的表现会强烈影响大家对产品或服务的看法，尤其是在曾赢得市场热烈反馈的情况下。180° 逆向思考法能帮助人们扫除这些根深蒂固的心理障碍。

请注意，180° 逆向思考法不是目的地，也不是思考的终点，而是独立思考的起点。180° 逆向思考法是打破一成不变的思考模式的决心，给人指明全新且充满惊喜的可能方向。

这项思考法的关键就是，不要因为不见容于传统智慧，就随意摒弃一个有趣的点子。要刻意反其道而行之，要故意唱反调，尝试一些新奇古怪的东西。刚开始时，这些体验可能让人觉得挺不舒服，但最终结果（如果幸运的话）可能相当甜美。

（2）范例。

◎精确列出自己所面临的挑战或机会。

◎接下来找到大多数人遇到这种情况的思考模式。

◎写下和传统看法正好相反的做法。

◎从这些相反概念出发，仔细想想当产品或服务包含了这些相反特质时，会是何种情形。

◎经常提醒自己，历史上许多杰出产品都是从失败开始的。例如便利贴就和发明人最初设想的用途大相径庭，但它却创造了惊人成绩。同样，维克斯夜安宁感冒糖浆，在感冒药中曾是一大败笔，因为使用者喝了立刻就昏昏欲睡。后来有人忽然想到，需要这种安眠效果的感冒患者可能大有人在，结果产品才开始大卖。

5. 星际思考法

星际思考法的意思是走出熟悉领域，引进完全不同领域的想法。

接触一些与最初概念毫无关联的想法，就可能产生许多创意。要超越来自直接经验或已知常识所累积的知识。说得更通俗些，就是在旧有事物中加点不同配料，把它们组成全新的混合体。

从“星际思考法”的字面意义来看，就是鼓

励人们跳出旧框框去思考，突破重围，这样如果够幸运的话就可以不断进步。

（1）实际操作。有许多不同的“星际系思考”和“星际解决方案”操练法：

◎刻意发展一套周密且有条理的思考方式。

◎完全开放自己，倾听来自其他领域的新想法。

◎从周遭事物寻找灵感。事实上，电视机的发明人就是从观看马铃薯田中作物的线条排列情形中获得的灵感。（编注：这位发明人在16岁那年的某天下午，坐在美国爱达荷州的草坡上沉思。突然看见眼前田中作物颜色一条深一条浅，排列成一个多线条图案。他突发奇想：相同的线条，既然可以组成视觉效果不一样的图案，那么线是由点组成的，当不同的点聚拢在一起时，能不能也构成一幅图画呢？他带着这个概念回到高中物理课，并在进入大学后继续研究，结果在29岁时发明了电视机的显像管。）

◎做几个思考实验。想想人们常做的一些活动，看看这些事是否提醒了你什么，然后再看看能否把这些想法与现在所做的事情结合起来。

◎先找一个活动领域（例如银行业），再找第二个领域（例如音乐产业），然后思考如何把其中一个领域使用的经营手法与科技，灵活应用在另一个领域上，看看能对现状有什么改进。你可以在很多不同行业做练习，直到找出某个原创性组合为止。

（2）范例。近年来，采砂业有许多革命性改变，灵感是来自银行业的ATM服务。现在先进的砂石场已可以让卡车司机自行进场、过磅，把ATM卡插入貌似ATM的自动机器后，选择所需的砂石种类，待机器填装砂石后过磅，拿了收据后离开。这种科技让砂石场运作更有效率（不需太多现场工作人员），而且卡车司机也喜欢这种系统，因为可以节省很多时间。

把某个领域的科技应用在另一个完全不相干

的领域中，就是“星际思考法”的精华所在，如此就产生了双赢局面。但重点是，别把“星际思考法”当成一种脑力训练。要运用灵感和想象力为那些想法下个合理结论，然后再看看那些想法能否带你到更美好的地方。

6. 与天才合作

所谓天才，是在某些领域拥有丰富知识和专业技术的高成就者。“与天才合作”这项工具是指，通过想象向专家请教，再把建议纳入计划中。

由于这只是一种实验性想法，所以你自然可以向任何想请教的人求教。举例来说，你可以揣想达·芬奇或林肯在碰到相同问题时会怎么说。或者，换成比尔·盖茨或亨利·福特时，他们又会怎么做。

也就是说，这个观念尝试着从全新的角度看待问题。寻求专家或天才的帮忙，然后从他们处理问题时可能采取的做法中汲取灵感。如此一来，新奇独特的解决办法可能应运而生。

（1）实际操作。与天才合作是再简单不过的事：先确认问题，然后开始思索某人会怎么做。

为了强化整个思考流程，可能需要花些时间研究一下所请教专家的生平和成就。写下 5 ~ 10 件与这位高成就者相关的事，在搜集资料的过程中加进更多东西。愈了解这个人，“与天才合作”这项工具就愈有用。

这项工具的精神所在，可用牛顿的一句话来概括：“如果我有宏伟的愿景，那是因为我站在巨人的肩膀上。”牛顿把自己的成就归功于前人的启发和努力上。同样的，站在高成就者所打下的基石上，你也有望扩大自己的事业版图。

而且无论你想向哪位名人寻求帮助，都完全是你自己的事，还不用付费。

（2）范例。约翰·列侬在写新歌时，想要让新歌听起来有罗伊·奥宾森的味道，但在写歌词时，他总觉得还是少了些什么，于是从平·克劳斯贝的 33 首歌中寻找素材，最终完成了甲壳虫乐队的经典畅销曲“Please Please Me”。

约翰·列侬过世后，甲壳虫乐队的其他三个成员一起合作，将声音加入列侬的“自由如鸟”（Free as a Bird）一曲中，当成新歌发行。

在创意界发生的事，也可以成功应用在商界中。其实这一点也不难，只要以自己景仰的人的角度看待问题即可。想想这些人会怎么看待你的问题，他们会采取什么步骤，你就会产生许多有趣的想法和概念。

7. 概念式单人游戏

这项工具是一种个人式的脑力激荡。

面临问题时，最后往往只能束手无策，枯坐等待。想避开这种情况，你就得换条路走。你可以把问题分割成小部分，看看自己是否可以解决其中一部分的问题。若能分别击破每个小问题，那么整个问题自然就会迎刃而解。

这项工具之所以行得通，是因为确实能帮助你向前推进。即使很难察觉进展，但这样至少可以让你不会陷入泥沼。你会产生冲劲，推动自己一路走到底，也可以因此厘清真正的问题，不会一团混乱。

（1）实际操作。你可以单独进行下列这些练习：

◎在纸上用 8 ~ 12 个字这样一句话来描述所面临的问题。

◎接着写下第二个句子，其中至少要有一个来自第一句的关键字或关键词。

◎以成功为前提，继续改写和重述问题，每个句子都要用到前句中的一个关键字或关键词。

◎不断地写，直到你能想出一个可以持续推进的具体方案为止。

很多情况下，人们做完这项练习后会发现，自己面对的问题完全不是之前所想象的那样。按部就班把事情写下来，可以减轻执行的压力，进而清楚明白责任所在。幸运的话，你还会发现那些在一开始看来很严重的问题，其实根本就不是问题。

（2）范例。从某种意义上讲，“概念式单人游戏”就是一种个人式脑力激荡训练。下列方法可以帮助你发展出更多有创意的解决方案：

◎把所有心力集中在思考的问题上。

◎一点一滴地朝着解决问题迈进，即使速度没有预期的快。

◎清楚陈述真正的而不是想象中的问题。

◎多少做点事，不要被沮丧搞得停步不前。即使前进速度不如期望，但只有往前走，你才有不小心被好主意“绊倒”的可能。

◎勇于承担，敢于挑战，既使这项挑战原本是别人的责任。

最后，对于上述这些“创意思考”工具，还有下列几项重点：

◎不用就会忘记。如果不常使用，这些创意思考工具就会生锈。创意思考工具是愈磨愈光，愈用愈得心应手。久而久之，当这些工具成了你的第二天性后，一旦面临新问题，你就能自然地有所反应。

◎重复使用，养成习惯。刚开始使用工具时，都会不太顺手。可别就此打住，只要持续练习，这些创意工具终究会配合你的思考和工作方式，让你觉得得心应手。使用得愈频繁，这些创意工具替你的新习惯打下的基础就愈稳固。

◎某项工具行不通时，就尝试其他工具。别试着“调整”某项行不通的工具，可以尝试用其他工具代替，所有“创意思考工具”都可供你选择。有时候，某项工具正好能满足自己的需要，有时候其他工具则是更好的选择。想解决眼前的问题与情况，就要有点弹性。每种工具的优点会因情况或时间而异，有必要的话，袋中所有创意工具都值得拿出来试试，这样你才会知道何时该用何种工具比较好。

关键思维

每个伟大创意背后的杰出思想家，都曾面临过抉择——把自己的想法公诸于世或者干脆放弃。我们应该庆幸，有这么多人勇气十足地公开了自己的绝妙点子。相反的，也有很多绝妙点子，就这样从某人心头、笔尖或键盘上消失无踪。

——汤姆·莫纳汉

你若告诉我，有人从未失败过，那我就告诉你，那个人还不够努力。

——爱因斯坦

自古以来，高成就者总是愿意投注心力来推动创新思潮。然而讽刺的是，尽管社会变化速度如此之快，对思想创新的渴望如此强烈，我们却是最不愿意改变的一代。原因何在？因为没有任何一个时代的人像我们一样接受过如此完善的教育，脑子塞满如此多的知识。我们一方面依恋自己的所知，一方面又要放弃所知。虽然我们之中有很多小心翼翼埋头苦干的人想要找出创新思考的奖赏在哪，但最后还是被管理阶层的风险回避和陈旧迂腐所逼退。心智是人类自古以来最强而有力的工具，要训练、挑战、运用这项利器来推动自己的事业，为公司带来财富。

——汤姆·莫纳汉

不出击，你就百分之百打不到球。

——韦恩·葛瑞斯基，曲棍球传奇人物

三　创意思考工具的运用

1. 更具创意

要更具创意，就必须这么做：

◎观察周遭的世界——并试着想象自然界中形形色色的事物是如何运作的。

◎仔细倾听——辨识别人想告诉你的东西。即使是一句不经意的评语，都可能激发你想出极富创意的好点子。

◎做笔记——写下自己的想法，稍后再润色并改进，记下任何灵光乍现的点子。

2. 努力成为意外天才

新点子可能是刻意思考得来的，也可能是失误下的副产品。因此，要心胸开阔，如果事情不如预期，也要仔细看看是否还有什么漏网的好点子。如果总是盲目地死守计划，你可能错过很多灵光乍现的意外惊喜。

3. 别再讲道理

最好、最具创意的点子，在刚开始提出时都是看起来没有什么道理的。很多时候，这些点子看起来都完全不切实际，甚至接近愚蠢，举例来说：

◎莱特兄弟开始发明飞行器时，没人认为飞机可以成为城市间运送人或货的工具，莱特兄弟只好去法国找资金来支持自己的新点子。

◎爱迪生曾发明了一个可快速清点并正确计算选票的机器，但没人想买。

◎当《宋飞正传》情景喜剧首次推出时，美国 NBC 电视台内部记录显示，这个节目曾被预测在市场上一定会惨败。然而，《宋飞正传》却成为史上最成功的电视剧之一。

◎一位《华尔街日报》的工作人员，曾连续 5 年建议管理层定期发行针对业界的特别专刊。这个点子终于被采用并引起读者的热烈支持。如今，这些专刊已成为报纸象征的一部分，为公司增加了上百万的收入。

◎伊莱亚斯·豪在1846年发明缝纫机，当时没有人理他，他只好到国外筹措资金开工厂，生产缝纫机。

◎第一资本（美国第五大信用卡发卡公司），是全球成长最快的信用卡公司。当初没人认为第一资本的业务概念会成功——由第一资本信用卡代你偿还其他信用卡的债务。

简而言之，用传统眼光来看，以上这些新点子很少有合乎常理的。如果上司或同事认为你的新点子不好，这个点子则可能真的具有原创性——你该考虑换到一个能真正发挥你的创意的地方工作。

4. 重新定义可接受范围

大多数组织都有一个可接受的思想范围：在这个范围内的所有想法都可以考虑、接受，但范围外的就不予考虑。如果能扩大这个思想范围，看看以前从未考虑过的一些新点子，你就能站到一个更宽广的舞台，让自己的创意点子闪闪发光。

换句话说，想拥有深具创意的思考时，不要一心只想打破常规，你该改变的是自己心中衡量与接受点子的尺度。别忽略那些未曾尝试过的点子，在自己能掌控的范围内，让所有的事都成为可能。如此一来，可供挑选的“基因库”就大多了。

5. 把点子卖出去

产生一个具有真正创意的点子是一回事，让别人喜欢这个点子甚至采取行动则是另外一回事。要把自己最好、最具创意的点子卖给别人，就必须：

◎确定自己真的没有比要推销的点子更好、更具有创意了。

◎做好迎接负面评价的准备，千万别把这些评价当成人身攻击或因此而勃然大怒。

◎清楚制订并写下真正想达成的目标，避免混淆。而且要所有人事先承诺他们该做的事。

◎记住，个人喜好与点子的好坏无关。唯一重要的是这个想法可不可以大卖。

◎提醒自己，人们不会期待你对所有问题都有答案。然而，如有必要，他们会期待你知道如何找出答案。

◎做好成功而非失败的准备。预先演练，直到自己有信心上台。

◎了解听众，清楚知道有什么可以激励他们。如果到其他公司提出提案，去之前先读读该公司的年度报告，配合其公司方向提出一些建议。

◎演示时带点幽默口吻，记得让你的听众乐一下。

◎在展示你的点子时，给大家一些可供对比的选项。一经比较，人们就会知道你的点子是最好的，而不是因为这是你仅有的点子。

◎让大家尽早参与你的想法，最好是你还在酝酿的时候。那样你就可以把其他人的建议融入到自己的想法之中，这意味着其他人也是这个点子的拥有者，也会热情支持这个想法。

◎请记住，真正衡量点子的最终标准是可行性，而不是它的呈现方式。其实，执行点子的方法有很多种，一种不行就换另一种。

◎要赢得战争，有时就得准备小输几场。

◎给别人一些时间来消化创意点子，如果急于求成，别人可能会直接回答没兴趣。所以，别强迫别人立刻做决定。

◎把自己的点子定位在对方可接受的范围内，那样成功率最高。

6. 善待组织中的创意专家

员工通常有下列 4 种类型：

◎劳动型——喜欢动手做事的人。

◎灵巧型——喜欢做事，但更讲究细腻的人。

◎理智型——喜欢思考一些已知的事，却不想真正动手的人。

◎梦想型——喜欢在探索未知和改进现状间

寻求平衡的人。

这4种成员很可能在公司中各司其职。然而我们可以合理地假设，如果给梦想家多些发挥所长的机会，组织自然就能增加创意。公司的梦想家一般会这么做：

◎对公司的任何事都感到好奇。

◎愿意挑战权威。

◎为了确保成功，要主动思索一些必要的长期措施。

◎持续以新视野和新观念来迎接挑战。

只要对创意思考持鼓励而非阻止态度，整个公司就会产生连锁反应。员工有创意心态，自然就会有创意点子。

7. 开发团体创意课程

训练自己具有创意是一回事，激发所有人成为全新的思考家则是另一件高难度的挑战。

要开发好的团体脑力激荡课程，你必须：

◎有充裕的时间帮助人们从表面问题上深入

下去，从而有机会注意到细节。

◎将参加人数控制在20~30人。人数过多，就很难交流思想。

◎再把团体分成4~6人的小组。

◎带进一些局外人。这些人的新见解可能让大家意识到新的角度。

◎用简单的脑力游戏开场，让大家打破沉默，相互热络起来。

◎紧张的脑力激荡会让所有点子瞬间爆发，大家可以稍后再慢慢体味。最具创意的人，通常喜欢百米冲刺而不是马拉松。

◎在便条纸上写下点子，方便随时重新组合归类。

◎进行创意思考时，参与者要站着，这样才不会懒散或睡觉。

◎预期会出现混乱的场面，因为那是创意过程的一部分。

◎及时整理并提示讨论内容，不要等到最后

才做总结。

◎在每个人都比较客观时再提出最后建议。

8. 阻碍创意的5大障碍

要发挥最棒的创意潜力，就要克服下列障碍物：

◎害怕未知——要明白这世界永远在不停地改变。如果不能持续想出新点子，就注定会失败。

◎害怕看起来愚蠢——过去很多成功的人都有过相同的恐惧。人人都不希望犯错，但这是成功要付出的代价。

◎害怕立刻进行判断——可以等到想法完全发展成熟后再做决定。

◎依赖过去的做事方法——尝试新方法。

◎依赖过去的成功——过去的胜利不能保证未来的成功，要一直努力思考改进的方法。

9. 满怀热情向前推进

在组织里，最有可能运用创意思考的人，就是那些对创意一向充满热情的人。

要持续燃烧创意火焰，你可以这么做：

◎跟一群同样对创意有热情的人在一起。

◎在各种活动中学习寻找灵感。

◎对自己的创意感到满足，对工作充满干劲，而不是拼命寻求别人的认可。

◎饱览群书，阅读高成就者的自传。同时记住，成就是把创意化为行动。

◎故意把自己放在一个茫然失措，只能靠创意解救的情境里。

◎练习所有创意思考工具，直到把这些工具内化成为自己的第二天赋。

◎定期复习创意思考工具，常学常新。

◎想出一个好点子后就跟别人分享。自己的成功也许能激励别人。

◎别太依赖过去的行为方式，尝试寻求新的解决之道。

借来的最创意

Borrowing Brilliance

The Six Steps to Business Innovation by
Building on the Ideas of Others

原著作者简介

大卫·科尔德·莫瑞（David Kord Murray），原航天工程师，曾任美国星球大战计划的尖端科技资深经理、麦道飞机公司代表，并参与国际太空站概念研发团队，后来成为创业家、发明家，曾任软件商财捷集团等《财富》500强企业的创新主管，并创立了几家年营收数百万美元的公司。

本文编译：林文祥

主要内容

5分钟摘要

创意产生六步走

新构想一向是既有构想的延伸、发展。看来完全原创的构想，其实都是由既有构想的片段与部分结合而成，只不过结合的方式是前所未有的。

具体来说，从整体角度去观察创意产生的过程时，你会发现任何新构想的诞生都会经过6个步骤。

前3个步骤可以称之为创意构想的源头：

◎界定想要解决的问题。

◎从有类似问题的地方借来构想。

◎将借来的构想联系起来并加以结合。

后3个步骤发展和改良新构想，使其变得可行：

◎把总结出来的构想酝酿成解决方案。

◎厘清构想的优缺点。

◎去除缺点，加强优点。

经由这 6 步，你可以将既有构想中的各种方向或元素，结合成不同的组合，从而得出新的创意。

关键思维

才智其实是借来的，这在历史上比比皆是。史上一些最富创意的人，像牛顿与莎士比亚，都曾被指控剽窃与抄袭。构想同生物一样，会随时间进化。既有概念会通过更改与结合来建构新的概念，就像几何、三角与代数结合起来就产生了微积分。才智其实是借来的，唾手可得。知不知道该去哪里借材料，懂不懂得该如何将它们结合起来，则决定了你创造力的高低。

——大卫·科尔德·莫瑞

一　界定

明确指出所要解决的问题。创意构想就是问题的解决方案。因此，对眼前问题的界定，会决定未来能产生什么样的解决方案——太狭隘或太广泛都不适合。

要产生创意构想，第一步永远都是去研究眼前的问题。以下两个因素会成为精确研究与分析问题的挑战：

（1）人类天生想立即行动，而非先去深入了解状况。要真正了解问题，就必须保持耐心，并花工夫去彻底了解。

（2）人往往过度专注眼前，而忘了从整体角度看问题。如果把问题视为个别状况，而没有从环环相扣的整体脉络去看，就会对其影响范围产生误解，而这表示，将来可能会产生更多的问题。此外，不要将问题界定得太过狭隘或广泛。如果问题界定得太狭隘，就可能会偏离大方向，只去处理无关紧要的事情；如果问题界定得太广泛，最终只会得到空泛且不实际的结果。必须准确界定问题的影响范围，才会有创新的思考。

每项建筑工程一定都是从单项任务开始，创新构想也一样。要开始构思，必须建立坚固基础，可以从以下几件事入手：

◎找出想要解决的问题。

◎判断造成问题的根本原因。

◎了解问题的影响范围。

富有创意的天才会持续寻找需要解决的新问题，想出周全、新颖的构想，然后再系统地扩大与发展这些构想。

以下是1996年1月发生在斯坦福大学的情形：

谢尔盖·布林是计算机系博士研究生，他的导师交给他一份采矿的研究计划（用电脑筛选大量资料，从中找出合用的信息）。他当时研究的演算法，能帮助企业更有效地运用零售店的货架。

拉里·佩奇当时也在攻读博士学位。另一名教授要他去设计并完成名为数字图书馆的计划，这是一项电脑基础建设，用来创造、传播、分享与管理大型数字图书馆的信息。佩奇的演算法专注于从庞大的电子图书馆中找出信息。

佩奇与布林是好友，他们一起讨论各自的研究计划。他们发现当时的搜索引擎并不好用，于是决定一起想出更好的方式，为网络上的信息制作索引。他们注意到有的搜索引擎会列出每个网站的链接数量，以此作为一部分排序凭据。这与当时其他搜索引擎有所不同，后来正是这项发现促进了新资料排序演算法的发展，奠定了今日谷歌的基础。

另一个例子则是财捷集团的创办人斯考特·库克。有一天，库克观察到妻子很辛苦地在计算家庭收支。他想，为什么没有更好的方法可以解决这个问题？这个念头催生了他公司的第一项产品 Quicken，后来成为公司的畅销产品。库克的员工注意到，许多顾客使用这一产品来管理他们的小型企业，而这是公司从来没想过的应用方式。QuickBooks 软件由此产生并得到发展，这套软件甚至比 Quicken 还受欢迎。

简单来说，观察是发现的开始，也是所有科学流程的基础。科学家观察自然现象，发展出能够解释这些现象的假说，而企业家则会找出重要问题，然后开设能够提供解决方案的公司。愈了解所要解决的问题及其影响范围，就愈能想出可行的解决方案。只要真正了解了某项问题，也就能了解周边的其他问题。

你必须先问自己：

◎我要解决的问题是什么？

◎当初解决了什么问题，为什么目前的解决方案不适用？

◎解决了目前的问题，会造成其他什么问题？

如果能够确实了解问题的影响范围，从一开始就看清其来龙去脉，就可以避免解决错误的问题。对问题有了全盘的了解，就可以找出该真正解决的部分。界定问题还会决定你解决问题的方式方法。换句话说，界定问题会决定你要如何解决问题，所以必须界定清楚。

二 借用

从有类似问题的地方借用构想。将类似问题所采用的解决方案集结起来，这些方案可以来自竞争对手、所处业界或者科学、艺术等领域。

其他地方曾使用过的问题解决方案，是建构自己现在解决方案的材料。根据对问题的了解，去寻找其他人过去解决类似问题的方法。

一般来说，寻找的顺序如下：

（1）向竞争对手借用——评估业界顶类公司针对目前问题所提供的解决方案，并以此开始寻找。目的是把一项解决方案的某些元素与另一个方案的其他元素相结合，产生全新的混合体。

（2）向其他产业借用——撷取其他产业中成功的构想与概念，再根据自己的需求来调整。借用其他产业的构想并加以改良，如今已经成功运用在各种领域之中。

（3）向艺术与科学借用——看看自然界、科学界如何处理这类问题，此外还可以观察娱乐业中的可行方法。构想俯拾皆是，只待人去取用。

（4）向自己的观察借用——观察员工、顾客与事业伙伴的做法。注意那些他们已经采用的解决方法，看看这些构想在不同状况下是否适用。

（5）向其他国家借用——看看在不同文化以及不同基础设施的条件下所采用的方式。它们可能会有比你自己国家更有效率的方法。

（6）与产业界标准做法背道而行——如果其他人都在做大的东西，那么就从做小东西的角度去思考，这样或许可以让你找到新奇的构想。

（7）寻找其他比喻构想——激发有创意的想法。要研发新的汽车转向结构，可以观察自行车如何转向。谷歌在开发网络工具时，就借用了图书馆学的构想。

抄袭与原创只有一线之隔，然而无可否认的是，创意新构想的最佳来源，就是他处的构想。将一个既有构想与另一个既有构想结合，就能产生截然不同的新构想。你可以先模仿其他人已经有的构想，然后再去创造新的。

要注意的是，这个阶段所采用的原始素材，会大大影响未来的创意构想。你所想出的构想，会受借来的构想与概念所影响，就如同建筑工程师会使用自己熟知的建材一样。创意构想不是凭空想象而来，而是将取自某处的片段与另一处的片段结合而成。所以，搜集的素材会影响所产生的结果。

外界对你的看法取决于你从何处借得构想。情况大致如下：

◎如果构想的来源是竞争对手已经采用的做法，就会被认为是盗贼，因为你盗用了他人的构想。

◎如果新构想的来源是一家完全不同产业的

公司，那你就会被视为聪明人，因为只有你有充分的敏感度注意到那一点。

◎如果新构想源自完全不同的领域，大家就会视你为创意天才。大家会对你将某个领域的构想应用在完全不同的领域感到十分钦佩。

讽刺的是，无论是“盗贼”、聪明人还是创意天才，都在做同一件事情，即从别处借来构想，做些调整后再结合自己的情况，制定出新颖的解决方案。抄袭与创意之间的界线细微而模糊。

关键思维

创意构想的基础至关重要。创意构想建立在人们想要解决的问题之上，那是起点。把构想建立在松散的基础上，必然会垮掉；建立在稳固的地基上，便有可能实现。要奠定稳固的基础，就必须花时间研究问题。

——大卫·科尔德·莫瑞

回顾从前，我认为看清问题比解决问题要困难许多。

——达尔文

三　结合

创造力基本上就是要产生焕然一新的联系。寻找合适的比喻构想来界定你的新构想，并在必要时建立新的比喻构想。

在第二步，你搜集了不少新颖构想，并以此作为创意构想的原始素材。现在是要将这些概念联系起来，使之成为前所未有的新混合体。要真正做到这一点，你就不能随意将两个构想凑在一起碰运气，你需要有基本骨干或架构，这就是比喻构想的重要之处。

从语法的角度来看，比喻和类比有很大不同：比喻是以一件完全不同的事物，去指某件其他事物。如果描述一个星球是“天空中的一颗苹果”，就是在比喻。而类比是指某件事物“好像”

另一件其他事物，例如："个人电脑就像加强版的电子计算机。"

然而在创意的世界里，比喻和类比完全相同而且可以互相取代，即用既有构想去描述新构想，也就是创造一种前所未有的新智慧联系。

所谓创意思考，就是要将至少两个原本各自独立的构想融合在一起。你所选择的比喻构想，将奠定新构想的整体架构。

要有创意地运用比喻构想来产生新颖构想，需经过以下 3 个阶段：

（1）用新的方式连接不同事物，以建立比喻构想——要激发新构想。索尼的 Walkman 随身听就是这样发展出来的——它融合了小型高保真录音带播放机和小型高保真耳机，创造出个人娱乐系统。索尼售出了超过 3000 万台 Walkman，使其成为史上最畅销的电子产品之一。同样，制片人乔治·卢卡斯结合了神话（过去的情节）与科幻小说（未来的情节），想出了原创电影《星际大战》的剧本。有创意的比喻构想就是以从未尝试过的方式结合不同概念。

（2）引申比喻构想，以建立新构想的架构——了解新的比喻构想是否可行。有时这样的改变会大到让人难以接受，但却会产生不错的结果。华特·迪士尼将这个方法用在迪士尼乐园上，以电影的比喻构想来建立游乐园的内容。园内的建筑物被称为场景，而迪士尼乐园的员工则被称为演员阵容。在园区入口（名为大街）有许多建筑，1 楼是原尺寸、2 楼是 3/4 尺寸、3 楼是 5/8 尺寸，而 4 楼则只有原尺寸一半大小。这种技法在电影界称为透视景深，可以让游客在不知不觉中觉得自己比平常更高大，仿佛就是电影场景中的明星一般。

迪士尼乐园里所有的游戏设施都被精心设计成独立完整的小型电影场景，也就是重现知名电影的场景。迪士尼乐园中的一切都是用比喻构想来装点的。

（3）抛弃已经不再有用的比喻构想——在构想不再能解决当初的问题时，主动舍弃。例如，早期汽车的设计就用了没有马的马车这种比喻构想。因此，第一代汽车工程师将乘坐者位置设计在车辆的前方，就像马车一样。很不幸，这意味着几乎所有的汽车事故都会致命。后来的设计者抛弃了无马马车这一比喻构想，将驾驶与乘客置于引擎后方。抛弃这个比喻构想是适当且必要的，因为它已经引申得太远了。

关键思维

不论有意无意，创意构想都开始于比喻或类比。比喻构想结合了这两个构想。

目标不在于建构比喻构想，而在于建构有意义且有用的组合，来解决界定出的问题，比喻构想只是让你能够这么做的工具。不要忘了需解决的问题，也不要忘了去留意新解决方案可能带来的问题。要娴熟运用比喻构想，就必须留意它何时不再有用。

——大卫·科尔德·莫瑞

四　酝酿

故意将心思放在其他议题上，让潜意识为构想加入一些调整与改良。

想出原创构想的最好办法，就是完全不去想你的问题。这听来不可思议，但事实就是如此。把构想摆到一旁，不要再去想，等到明天再说。去做其他事情，让构想稍微酝酿一下。然后，通常就在最意想不到的时候，你会发现脑海中清晰而明显地出现极具创意的突破性构想。所以你要记得运用潜意识的力量。

当用理智去思考某件事时，你和事情间就会产生“突触”联结。愈是连续思考同一件事，这种联结就会变得愈强，你就会一再得到同样的结果。这样一段时间之后，要跳脱既定模式去思考问题就会变得非常困难，你很难产生全新的观点，这也是使用潜意识思考的重要原因。

运用潜意识产生创意构想，必须经过 3 个阶段：

（1）输入——给潜意识提供素材，并提出具体问题。要开始这一阶段，应该问自己下列问题：

◎我要解决的是什么问题。

◎我可以从别处借来哪些解决方案。

◎我可以组合出什么样的新解决方案。

大多数人会发现，最好先在纸上写下问题，说明该从别处搜集来的他人构想，然后每天早晚诵读这些素材。这么做可以产生“肌肉记忆”，就如同职业运动员经过不断练习相同的动作，就可以自然而然地发挥出来一样。多次重复你所专注的事物，让潜意识发挥作用。

（2）酝酿——让潜意识在不受干扰下运作。要让潜意识顺利运作，就应该刻意地不去思考这件事情。这不容易做到，但可以参考以下实用方法：

◎去散步。

◎小睡一会。

◎暂停一下等潜意识有所反应。

像这种让心智能够稍事休息的行为，不论时间长短，都能让你打破既定模式。要花多长时间才会浮现出真正有创意的新想法，则会因许多因素而有所不同。有些大规模的问题，可能会需要休息好几天、好几星期，甚至好几年，才有办法解决。而那些最常见的问题，短暂休息几分钟就足以让潜意识开始发挥作用，让人产生一些不同的想法。

（3）输出——意识到新建构的构想，并加以掌握。要抓住潜意识中浮现的构想，可以尝试以下方法：

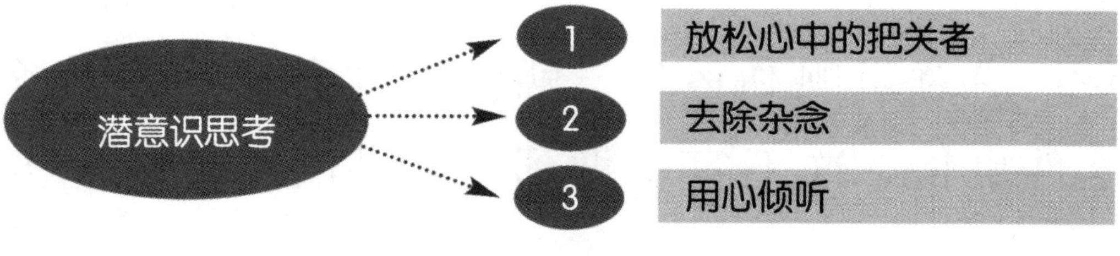

◎人人心中都有个把关者，控制着显意识去选择自己所要思考的事情。把关者会快速过滤掉那些无法接受的、怪异的或是不合逻辑的想法。要克服这种过滤行为，就要提醒自己想法不过就是想法，本身并没有意义。想法并非现实，可以存疑。让自己包容那些异于常理的想法，以此让心中的把关者放松。此外，你还要让把关者允许那些未完成的构想、不合逻辑的想法与矛盾的事物存在，以此来激发创意。

◎完全不主动去思考任何事情，清除掉心里一切必须思考的事情，让心里完全放空。这就像在淋浴，你放松地站着，让温热的水顺背流下，享受这个片刻的感受。这么做可以清空心中的理性思考过程，让感知与构想从潜意识中慢慢浮现出来。

◎倾听你的潜意识。那可能是灵光一闪或灵机一动，也可能只是一种说不出口的感觉。从感觉中去找线索，因为那常常是潜意识和你沟通的方式。

拿一张白纸并将心中想到的东西写下来，可能会有帮助。或者，特别留意你随口说出的内容。来自潜意识的新构想在浮现时会是小小的片段而非完整的概念，所以要特别留意并加以延伸发展。

《星际大战》中神话的比喻构想，其引申程度大大超越了情节。乔治·卢卡斯还聪明地结合了科幻小说与神话的视觉元素。他运用现代感极强的太空服，却又搭配上古风盎然的斗篷与长袍；他将刀剑与激光相结合，将其命名为光剑，然后用类似武士刀的原始武器，创造出精致的科幻武器。剧中人物有现代的军衔，例如帝国元帅塔金，也有古老神话中的人物，例如黑武士。有些借用相当隐晦，有些则显而易见，然而总体来说，这些比喻形成了紧密的结合。当你努力去创造独特结合以解决你独特的问题时，要效法卢卡斯与迪士尼等人的比喻技巧。毕竟他们所创造的和你在做的东西一样，都只是产品。别忘了，《星际大战》与迪士尼乐园都是亿万美元的事业。

为什么说有效的创造性思考有时就是完全不去思考，道理就在这里。所以要把构想抛诸脑后——就像有些人讲的：明天再说。想得太多对人并没有好处，事实上还反而有害，会让人愈来愈钻牛角尖。因此，要给构想留出酝酿的时间。这有两个功用：其一，能让你跳出牛角尖；其二，会让你的潜意识来主导，进而协助你整合出解决问题的方法。

关键思维

你的心智会陷在某件事情上，很难摆脱、很难获得新构想，也很难产生新的观点。这时如果有人能带来全新的热情并给事情赋予新意，会很有帮助。

——乔治·卢卡斯

五　评判

分析解决方案并找出优缺点。在构想中注入自己的观点、个人评价与直觉，进一步发展你的构想。

绝佳构想从不会完整地出现，灵光一闪时所得到的见解，仍要经过严格测试，然后才能得到全力推动。换句话说，必须通过评判，理论上听来不错的构想才能变得实际可用。

任何创新的发展都是由评判所推动，它会使完整的构想得以存留，使怪异的构想消失。那么，一个构想要存留下来需要什么条件呢？

苹果公司的iPod之所以能够取代索尼的Walkman，就是因为它让你不必再购买和存放笨重的CD，走到哪里都可以带着你收藏的所有音乐。

买了iPod的人对其非常喜爱，纷纷向朋友介绍，而iPod也就靠着口碑营销，成了畅销商品。iPod是Walkman的子孙，就如同Walkman是留声机的后裔一样。杰出构想总是从某一代产品进化到下一代，在旧元素消失的同时加进新的元素。善于商业创意的人非常了解这种构想的进化过程，并且会善加运用。

在创意流程中，评判的功用不是要接受或拒绝构想，而是要加强和发展构想。评判新构想有以下3个效果：

（1）找出所有的缺点——得知该采取哪些做法排除缺失。

（2）判断这个构想的优点——并判断构想的存留。同时，了解到所发展构想的优点之后，就可以去全力强化这些优点并发扬光大。此外也可以确保你在排除缺点的同时不会削弱了优点。

（3）发展出对完美解决方案的第六感——能

感觉到那些具有大量优点，几乎没有明显缺点的构想。换句话说，评判可以让你的创意直觉更敏锐，一眼就看出好构想。

所谓评判，就是拿你想要创造的东西去和其他现有产品或服务做比较。评判有3种类型：

（1）正面评判——找出新构想的优点。这是指要抱着乐观心态去预测，如果这个构想的一切表现都如预期，它能够创造什么价值。

要采取正面评判，就要检视你的创意构想并且问自己："当这一构想开花结果时，将会带来哪些利益？"要找出新构想所开创的机会并加以利用。要让良好构想有所发展，首先就要从最乐观的角度去看它，明确指出你希望实现的利益。采用正面评判，就是要找出证据去证明正在构思的这一构想足够完整而且有益，会带来至关重要的好处。

（2）负面评判——天平的另一端。如果正面思考是在寻找机会，那么负面思考就是突显障碍、缺点与潜在的陷阱。创意思考者一向是怀疑论者。人类天生就比较悲观，因此对大多数人而言，这种思考方式相当容易。实际上，负面评判是一种威力强大的武器，它让人们用务实的态度去平衡被过度美化的乐观世界。要采取负面评判，就应该问："这个构想有哪些潜在的负面特性？"在评判时不能感情用事，因为评判的目的是要用借来的元素去建构可用的解决方案。你必须先看出新解决方案有哪些潜在缺点，然后再着手去一个一个排除。

（3）感性评判——放下理性，凭直觉判断。问自己："我对这个构想的感觉如何？"如果你喜欢自己正在构思的解决方案，那很好，而且你可以由此得知你的方向是正确的。如果一切从理性来看都不错，但你就是觉得不对劲，这应该就是一种警示信号——要不就是你在解决不恰当的问题，要不就是构想的基础松散且不稳固。

MP3 播放器并非史蒂夫·乔布斯或苹果公司

发明的，然而苹果公司将 iPod 这种 MP3 播放器与 iTunes 网络音乐商店结合，创造出简单有力的构想，改变了人们与音乐的互动方式。其革命性意义在于对这些元素的总结而非具体发明出某种科技。乔布斯交替运用正面、负面与感性的角度来评判他的解决方案，解决了不一样的问题，造就了一个价值亿万美元的成功故事，那就是苹果公司的 iPod。

关键思维

在商界，能否生存取决于所解决问题的重要性，以及和其他解决方案相比，这个构想的表现如何。如果只能解决微不足道的问题，那么这个构想也就微不足道，可以被淘汰；如果能够解决重要问题，但不如其他解决方案有效，那么这个解决方案也应该被淘汰；如果能解决一个无人能解决的重要问题，那么就能够生存下去。

——大卫·科尔德·莫瑞

六　强化

调整和修正正在构思的构想，并不断更新，直到真正达到世界级水准。

创意流程一向有些难以把握，它更是一个尝试错误的摸索过程，从来不按部就班。优质、完整、可行的构想向来都不容易实现，你必须用左脑进行理性思考、用右脑进行创意思考，然后用全脑去面对现实。事实上，这是一个不断反复的过程——卓绝构想不会轻易完整浮现。

因此创意流程的第6个步骤，也是最后一个，就是回到先前的5个步骤，然后用你的判断去推动整个过程。

这时你可能需要改变原先设定要解决的问题，或是更换用来结合的要素。有些只是小幅调整，有些则要大举改变方向。在构想发展的过程中，你要凭借自己的判断，不断排除思考中的缺失，同时强化你的优点。所有创意构想都是这样成形的，所以你要有耐心，让时间去酝酿成功。

当你再次重复各项步骤时，你要记得以下几点建议：

1. 界定

界定所要解决的问题，是建立所有构想与选择解决方案的基础。你应该定期停下来问自己下列问题：

◎目前的构想可否用来解决完全不同的问题？

◎是否可以用正面表述（该如何提升员工的效率）或负面表述（该如何降低员工每天浪费的时间）来让这个问题更生动？

关键思维

以不同的用字、措词和说法来重新描述问题，有助于激发新构想。以不同的方式去界定，即便只有些许不同，也能够带给你不同的解决成效。你有能力去掌控问题，不要害怕去运用这个能力。构想的发展过程，包括了所解决问题的演变。要重新界定问题，因为那是创意思考的标记。

——大卫·科尔德·莫瑞

2. 借用

要创造新颖的创意构想，永远没有蓝图可以依循。你会随机想到该借用哪些元素，就像在玩拼图，而不像在烤蛋糕。你必须随时借用不同的元素，看看能否想出更完善的解决方案。要持续问下列问题：

◎还可以运用哪些不同的元素？

◎在新的架构当中替换掉哪些元素效果会更好？

关键思维

这其实就是重新回到第二步，不同的是这次你变得更聪明了。你的判断力决定了你要寻找的东西，也奠定了你的创意基础，你可以说这个构想具备以前的优点，却没有过去的缺点。

——大卫·科尔德·莫瑞

3. 结合

比喻构想永远都不会完美，所以必须经常更新和改变，才能保持与当前问题的吻合度。你必须随着构想的发展与改善，定期重新组合和思考比喻构想。要做到这点，可以试问以下问题：

◎新构想如何重组才能更有效地解决问题？

◎构想如何重组才能更完善地解决问题？

有各种方式可以用来重新结合不同元素，这些改变可能非常简单，也可能极为复杂。下面介绍5种最常见的思考工具：

（1）加法——找出解决方案所带来的新问题，并且问："可以在构想中加入哪些元素，用来解决新增加的问题？"要小心的是，不要弄得太过复杂。只加入那些能简化问题的元素，不要加入让问题复杂或混乱的元素。

（2）减法——问"可以移除哪些不实用的元素或可以移除哪些无关紧要的元素，让我能够简化问题并且聚焦在重点上？"

（3）乘法——一再增加既有元素。吉列剃须刀的做法就是将剃须刀片增为2片，最后增加到5片。问自己："我可以加倍运用什么元素来更有效地解决问题？"

（4）除法——分离出一群元素并将其视为独立的解决方案。唱机就是这样从可录可放的装置中发展出来的。问自己："这个新构想有哪个部分可以分离出来，变成可以单独存在的东西，解决不同问题？”

（5）重组——将新构想中的元素以不同方式结合。尝试改变进行的顺序或是以完全颠倒的顺序来重组构想，从不同的角度看问题。问自己：“可以如何重组构想以便更完善地解决问题？”每个发明家都在一直尝试，看看彻底改变后会如何，你也可以把这个方法用在你的新构想上。

4. 酝酿

要不断地给潜意识机会和时间来思考你重新界定、借用、结合和评判过的构想。当你熟悉这些流程后，它们就会从刻意要去做的事情变成你的本能反应。养成在思考过程中注入大量空档的习惯，让潜意识的能力得以发挥。定期让理性安静下来并清除理性思考，让潜意识与你对话。

创意思考原本就没有效率，向来都是停停走走或是尝试与错误的不断重复。你会经常走错路，需要再回头重来，偶尔还会偏离方向，但成功的诀窍就在于不断尝试。重复去做，你的显意识就会更善于想出创意，你的潜意识也会更善于参与思考过程。要持续为潜意识制造参与的机会。

关键思维

增强构想是件非常复杂的工作，重新界定、借用和组合既是科学也是艺术。即使是最简单的构想，也可能有几百万种甚或几十亿种组合方式。可用来组合的素材，多到数不胜数。然而你会发现，自己在钻显意识所造成的牛角尖。你发现这种状况时，就知道是时候把解决方案搁置在一旁了。所以说，增强构想可能在显意识之中发生，也可能在潜意识中。

——大卫·科尔德·莫瑞

当然，你我都无法成为卢卡斯、牛顿或乔布斯。他们都天赋异秉，天生就会创造，那已经是他们潜意识中的一部分。但是你可以更善于思考，可以更有创意。尝试去复制天才的心智，然后为你选择的领域贡献心力。

——大卫·科尔德·莫瑞

5. 评判

为了想出创意所付出的努力，包括被舍弃的构想、不可行的方法以及没有结果的发展。这会让人觉得极度没有效率，然而事实是，考虑然后摒弃的构想愈多，就愈有机会发现真正具有创新潜力的事物。要加强创意直觉，失败是必要的，这是进步的代价。

每隔一段时间，就要重新评估自己的状况。问自己下列问题：

◎我在构思的这个构想，最令人振奋的方面是什么？

◎我认为这个构想最有害或负面的特性是什么？

◎我对这个构想的感觉如何?

◎我必须做什么改变，才能让构想更有用?

◎我该从哪里去寻找解决问题的新方法?

◎从目前了解的情况看，什么是最完美的解决方案?

绝佳构想需要时间去建构。牛顿花了 20 年的时间才完成其理论代表作《数学原理》；开普勒花了 9 年的时间搜集资料和开展假设，计算了上万页的笔记，才得出火星运行轨道是椭圆形而非圆形的结论；华特·迪士尼花了 25 年的时间去构思迪士尼乐园的概念，然后才开始动工兴建；达尔文花了 22 年的时间才完成《物种起源》。要建构创意构想，就必须投入必要的时间来处理一切相关事宜，没有什么捷径可循。

你在从思考既定构想进步到想出前所未有创意构想的过程中，会遇到许多岔路与暂时的挫败。不要担心，要继续尝试。要知道，要想出有创意的构想，就必须脱离人人都在走的熟悉路径，选择不为人知甚至状况不明的路。而这些都是过程中的一部分。

关键思维

创意直觉并没有表面上看来那般神奇，它纯粹就是一个以正面、负面评断去不断分析构想所产生的副产品。产生构想愈多，做过评断愈多，直觉就会愈准确。

——大卫·科尔德·莫瑞

创意流程不是线性的，它是一个自我组织的过程，其过程比较像雷雨的形成，而不像建筑师按部就班地设计建筑物。这是建构的自然进展，因此所有构想最终都会产生独特的创意流程。所有构想的形成过程都各不相同，而创意天才则是在潜意识中做到的。

复制是创意流程的核心。要记得，先复制再创造。通过复制来搜集素材以建构你的构想。抄袭者与创意天才之间唯一的区别就在于素材的来源。他们的开端完全相同，只不过从不同的地方去获取构想而已。复制与创造虽然是相反的概念，但彼此却互为因果。原创性来自模仿。

没有所谓完全原创的想法。原创性来自建构其他概念的过程，而才智是借来的。这是一段冒险历程，你在寻找时，要选择较少人走的那条路，不要坐等路的出现。要去有类似问题的地方寻找可供借用的构想。所有的构想都是这样建构的，无论是商业构想、科学构想、娱乐构想还是新砂锅食谱的构想。你的构想都是其他构想的子孙。

——大卫·科尔德·莫瑞

未来需要的 5 种脑袋

Five Minds for the Future

原著作者简介

霍华德·嘉纳（Howard Gardner），社会科学家、教育学者、作家。哈佛大学教育研究所教授，兼任哈佛零项目的资深总监。在数个国家的大学和学院获得 21 个荣誉学位，被誉为当代最杰出的心理学家暨教育学家之一。有 20 多本著作，1983 年提出的多元智能理论最广为人知。2005 年被《外交政策》、《展望》杂志评选为全球 100 位最有影响力的公共知识分子。毕业于美国哈佛大学。

本文编译：乐为良

主要内容

主题看板

为美好未来做准备

许多人对未来人才必须具备的关键能力都非常关注。或许我们可以换个方式提问：你想要实现怎样的未来？最了解人类心智运作模式的多元智能大师霍华德·嘉纳提出了5种未来人才必备的心智要素，给我们展现了一个进步但不失控的美好未来。

1983年，哈佛大学教授霍华德·嘉纳提出多元智能理论，将人类智能分为语文、逻辑数学、空间、肢体感觉、音乐、人际、内省和自然观察8大项。它颠覆了以往的一元智慧论，革除了重视智力发展的弊病，成为许多教育工作者推动教学及课程改革的指导依据。

然而，在现今世界，绝大多数的人、事、物都联系紧密，没有任何个人或团体可以独自探究所属领域的成功条件。嘉纳博士跳出过去学术研究惯用的客观描述，提出了 5 种未来人才必备的心智要素，主张它们是人们未来应该努力开发、重视的要素。

专业必须跳出旧有框架

未来是如此不确定，唯一能确定的就是你根本想不到会面对怎样的挑战和机会。对此，嘉纳博士提出了 5 种心智能力：训练有素、有统合能力、富创造性、尊重他人、合乎道德。你从中能发现，学科或专业素养其实只占 1/5，尽管可能要花 10 年以上的工夫才可能精通某个专业领域，但是另外 4 种心智却更难以用时间来估量。

虽然分工愈细，专业化程度就愈深，但统合能力和创造性却往往发生在跨界或跨功能的领域。拥有卓越的统合能力和创造性，你的机会肯定会比同事及同业多。21 世纪的各种重大变革加速了传统工作方式及产业的崩溃。表面上看来，那些改革者是凭借科技进行创新突破，实际上他们跳出旧有的思维模式才是推动变革的主要动力。

科学无法解决价值问题

然而科技进步并不代表所有问题都能因此得到解决：像教师或管理者就无法凭借科学方法来决定课堂上或工作上要做什么。你可以拥有最先进的技术、顶级的设备，然而你仍然得依照自己的价值体系来做决定。你的价值体系是利润导向，服务导向，还是其他？

这个世界仍然存在许多问题：贫困、污染、恐怖主义等，它们都有赖众多学科和专业的共同努力。但嘉纳博士认为，过度专注于科学和技术，是一种目光短浅的行为。如果少了尊重和道德伦理，世界就会陷入欠缺正派工作者与负责公民的境地。

或许，我们仍然很难设计出一种能够同时培养这 5 种心智的教育或培训制度。但无可否认的是，人类的文明未必总是往上发展的。个人、企业乃至国家如果只着眼于生存竞争，就很容易变得以追逐私利为目标。而枉顾公共利益和道德伦理的社会则会没有赢家。

一　训练有素的脑袋

你的思考必须训练有素，这样才有可能在未来脱颖而出。这需要大约10年，一个人才能在某项专业上达到运用自如的境界。除非你真正下过这样的工夫，并持续学习跟上专业发展的脚步，否则你永远只能听命行事。你要学习如何对一个主题做系统的思考——专业教育就是在做这个，要让自己有资格进入所选择的领域。

一门学科的正式培训——无论是成为科学家、律师、建筑师、企业主管或是任何其他专家，都要学到至少3种不同且有意义的东西：

（1）背景知识——要精通某个领域，首先要研究前人已学会的东西。有了这个知识基础后（尽管那很花时间），你对于其他行业或专业领域内的知识也会有更深层的认识。一旦学完一门学科，你就会懂得精通其他领域的方法。

（2）心理习惯——要想学习一门学科并达到专业水准，你就得抛开没有条理的思考方式并养成务实的心理习惯。实际上，你是在学习如何以结构化和系统化的方式来思考问题。几乎所有专业都有其独特的思考方法和行事之道。除非你知道那些学科能够接受的思维方式，否则你将很难与其他人共事——那些人早已长久浸淫于专业领域中无法自拔。

（3）行为模式——受过专业训练的人，以他们习得的结构性方式来解决问题。例如，科学家会观察世界，提出初步建议，设计实验以检验自己的理论，根据实验结果修改理论，然后再开始新观察，从而展开另一次的循环作业。其他领域的专业人士也常采用相同或类似的行为模式，而这些都是专业训练的结果。

关键思维

没有受过一两项专业训练的人，将无法胜任要求严格的工作，只能做些杂务。

——霍华德·嘉纳

当然，完成某一专业的正规培训不只是牢记常用的各种事实和公式。你也不会因为读了几本关于某一主题的书便成为一名专家。在正式的学科教育中培养出擅长的领域，通常包括4个步骤：

（1）找到精通某个领域的人。他可以帮你找到要精通该学科的所有重要主题或概念。其中有些主题属于实质内容（你需要深入了解的重要事实），有些则属于操作方法（例如进行严格的科学实验或分析资产负债表的方法）。

（2）投入足够的时间，并在此领域中学到真正的能耐。你需要一段相当长的时间来进行深入研究，从而让你能用多个不同的分析模式来分析问题。

（3）以不同的方式或切入点来进行研究。对不同的研究案例进行深入研究、逻辑分析，并进行热烈讨论。这么做可以让你真正了解最前沿的知识，培养扎实的思维基础，提高思维敏捷度。

（4）多次安排获得亲身体验的机会。或许你应该接受经验丰富的导师指导，或者练习在各种环境下进行研究。这么做可以让你对各种状况都有充分的理解或实际经验。这些正式的练习可以加深你对该领域的理解，其效果远比只是记几个重要的事实和公式要好。只有学会在真实世界中运用学到的东西，你才具备在自己的领域提出新问题或疑问的能力，并且能在工作中充实自己的知识库。

显然，一门学科的知识并非一夜之间就可掌握，也不是一次邮购就可习得。它需要时间去向那些优秀的导师求教，还需在该领域实际动手，以此验证你正在学习的知识。如果不付出心力，你就会一直原地踏步，与完全未受培训者无异。而不借助该领域中前人的累积，你就得自己去搞清楚一切，而那是一种自我设限且徒劳无功的做法。

如果无法掌握一门专业，或是不懂得如何以结构化且训练有素的方式进行思考，那么你很可能会遇上麻烦，其中包括：

◎无法完全融入商界或其他领域，因为你不知道人们过去的进展。

◎受限于自我的思考，不知道如何获取优秀人才对某个主题曾经有过的研究。

◎无法看到时事、科学突破及新法规的重要性。换句话说，你无法对事情的后果提出有根据的看法。

◎对社会有疏离感，只能看着事情发生却无从使力。

◎你完全依赖他人对公共卫生和法规等事情做出的重要决定。

总之，即使你将来选择进入完全不同的领域工作，掌握一门专业学科仍可为成功奠定坚实的基础。因为对世界有了真正理解，你就不会对于眼前发生的事情只有肤浅的认识。你也能看出持续学习是一辈子的事，而不是简单一次就可以的。任何人只要真正掌握一门专业，就能理解随时掌握领域中新知的重要性。训练有素的人持续学习，不是为了准备期末考试，而是因为热爱学习的过程，并且感谢学习带来的好处。

关键思维

训练有素的脑袋至少要掌握一种思考方式——一种独特的认知模式，可以展现特定学术纪律、工艺或专业的特质。许多研究证实，要10年才能完全掌握一门学科。训练有素的脑袋还知道如何通过稳定而持续地工作来提高技能和理解——接受高度专业训练。一个人如果没有精通一门学科，注定只能听命于人。

一个人一旦很了解某个特定概念后，就会引发更多且更深入了解的欲望，并且希望有所建树，可以把个人对此概念的理解证明给其他人看。事实上，通达事理的人不太可能接受肤浅的解释。在尝过理解的滋味后，他很可能会不断汲取更多的知识养分。

仅仅了解律师、工程师或经理人的思考角度不同这一事实没有用，一旦你站在律师、工程师或经理人的立场，你的行为必然会有所不同。思想和行为已经比以往更加紧密相关。

——霍华德·嘉纳

二　有统合能力的脑袋

现在人们身边充斥大量可用的信息，如何把来自各方的信息加以统合或结合，最终形成连贯的点子就变得非常重要。当每天的工作都要面对各种信息时，除非你能做到这点，否则就会被泛滥的信息冲垮。未来的工作愈来愈要求有统合能力。除非你能妥善地整合现有知识，否则很难想出什么新的东西。

根据统计估算，每2～3年全世界积累的信息量便会翻一番。获取大量的信息资源，将它们加以整合将是你在21世纪取胜的一张王牌。

统合可以采取以下各种形式：

（1）叙述或讲故事——说明一个或多个原则。

（2）分类或系统——如在年报中常用的复式

资产负债表。这些系统也可以用图表或表格形式来呈现，如周期表。

（3）复杂的概念——将一个范围内的不同现象融合或联系起来。例如商业周期、本益比和 80/20 原则。

（4）通则或称“俗语”——通常含有很好的点子。例如“三思而后行”、“不要一心多用”或者是“投资要分散”。

（5）常见的比喻、意象和主题——以图形元素来活化晦涩难懂的想法。一个好例子就是经济学家亚当·斯密，他指出自由市场自我规范的本质就像是有一只看不见的手在指引。同样的道理，企业也结合了文字、图形和顺口溜来创造品牌。

（6）艺术创意的体现——如米开朗基罗在西斯廷大教堂天花板上描绘各种圣经事件。这些艺术作品统合了许多不同的想法并且在一次活动中将它们完整展现。

（7）理论——合并数个不同的概念。亚

当·斯密的市场经济理论结合了供需、劳动生产、盈亏的想法，形成统一的概念。

（8）后设理论——或称知识的整体框架。后设理论试图将数个理论汇集为一个结构化的整体。物理学家一直试图建立一个单一理论，将物理学中不同的支派整合为一体，但迄今为止仍未成功。在许多其他领域也都有过相同的尝试。

优秀的统合尝试包括以下 4 个主要部分：

（1）目标——说明你究竟想利用统合能力来实现什么。

（2）起点——你想统合的点子、图像或过去的成品。达尔文就是拿过去的进化理论，与他在小猎犬号上所做的实地观察做比较，从而发展出进化论的。

（3）路径选择——你选用的策略和方法。例如，你若正试着统合一份运营计划，大概要请教专家、做一些营销测试，然后根据数据样本的推断做出财务预测。每次统合都要有执行的方法。

（4）草案和回馈——所有素材都要整合，然后拿给其他人看并请他们给予反馈意见。任何事情的首次草案通常都很粗略，直到统合加工后才会达到真正完美的地步。

统合能力的最终目标，就是把一门学科或领域内的想法，非常成功地应用在其他学科或领域中。如果能充分运用整合能力，就能创造出综合效应，并很有可能带来极高的价值。在商业环境里，跨学科的统合工作通常被称为跨功能，因为它结合了发明者、设计师、营销人员和生产团队等人的心力。

在3种不同的情境下，跨学科的统合可以独立发挥作用：

（1）测试新概念——例如开发出一种颠覆性的新技术后，你的管理团队就要预测随之而来的冲击是什么。

（2）了解新现象——例如，当一种新药对一小部分人造成毒副作用后，就必须对此形成对策。

（3）解决急迫的新问题——超出单独学科处理范围的问题。通常，社会所面临的挑战（贫困、污染、恐怖主义等）无法单独得到解决，除非经过众多学科和专业的共同努力。

做出强大的统合非常困难，因为受过专业训练的人擅长的是他所选专业的学养。要以同样的能力投入完全不同的专业领域，就会非常困难，正是良好的统合能力促成这些有创意的改进。这种“异花授粉”，即把某领域的观点注入另一个完全不同的学科领域中，会带来令人惊叹的商业突破。

在可预见的未来，商业世界会不断加快产生新信息，将这些信息理出头绪的要求也必将增大。这就需要形成强大的跨学科或跨功能思维。你的组织如果希望在未来占据有利的位置，就要培养更多员工做到世界一流的统合工作。

关键思维

亚当·斯密提到的商业市场分工也席卷了思想市场，而且没有任何迹象显示专业分工的趋势将受阻。我们需要榜样——擅长统合的个人。我们也需要标准，以区分杰出、适当和不适当的统合。我们必须接受这些标准会依任务或主题而变化的事实。生物进化学上被视为理想的统合，与艺术或商业上的统合可能明显不同。用来找出复杂理论的统合方式，与消除贫困或控制艾滋病疫情的统合方式，也可能完全不同。

我认为情报是个很好的东西，除非你把它看得太过复杂，从而影响你做出决定。总统必须具备统合情报的能力。

——威廉·杰斐逊·克林顿，

美国第42任总统

统计整合大量的数据、情报、偏见、意见、战术之后，还需看出战略大局，这就是一项挑战。这项工作就像一股侵入你大脑的寒意，令你头皮发麻，只想快速看完，快快筛选，结果只能咬牙坚持到底。这是件很难的事，但如果你常做，就会养成很好的领导能力。

——理查德·西弗斯，海军上校

没有统合能力的人，会被信息淹没，从而在个人或专业问题上，都无法做出明智的决定。

无论你是在大学、律师事务所或企业工作，经理人的职务都要求有统合能力。主管要考虑必须完成的任务、手下员工当前的任务和技能以及如何最妥善地执行当前的优先事项。优秀的主管还得回顾过去几个月间完成了什么，再思考如何顺利开展今后的任务。当然，统合现在的知识、利用新发现也是工作的一部分。

——霍华德·嘉纳

三　创造性的脑袋

训练有素且具有统合能力的脑袋要靠创造性才能提出新点子、新思路或意想不到的问题解决方案。企业一直高度重视创造力和原创性，而能够跨越现有界限并突破现有可能的点子，在未来将继续受到重视。在未来，重视创新的公司绝对会大幅领先不事创新的公司。

创意实际上是建立在有效的统合基础之上的。有时候，统合一件事相当简单，而在其他时候，则会需要某种创造性的改变。创意是把问题延展至新方向但不至于使其脱离相关现实的能力。

直到最近几年，创意才受到世人追捧。在人类历史上，凡是提出违背传统智慧的新点子的人，多半都会遭到讥笑和强烈反对。只有在现代，创意才被认为具有持久的竞争优势，电话、汽车、飞机、个人电脑、互联网和手机在商业上的成功都是明证。

那么，创意火花究竟从何而来？这个问题的答案，在历史上也出现过一些根本性的变化：

（1）创意要不被视为天意，要不就被视为像丢骰子式的随机。有创意的个人被视为受到某种神秘启示的眷顾——你要么有，要么就没有。

（2）接着进入水平思考的时代——创意被认为是把适用于某一领域的架构用于完全不同领域的能力。

（3）之后才终于有人承认创意并不总是适用于所有情况。一个孤单的发明家突然“啊”的一声爆出创意思维的这种说法，很方便新闻炒作，但并不符合现实。当一些精通某一学科的个人遇到有明确需求或等待解决的问题时，他就有可能找到验证突破的同业，此时，创意就有可能发生。

（4）现在认为具有突破性的产品会对同一领

域内的后续工作，形成真实并可衡量的影响。真正的创意产品会影响到同一领域或商业活动范围内随之开发的所有其他产品。

（5）要富有创造性，显然你要有相当的智力、技能和纪律。你还要有种气质，表示你不满于目前的标准并准备往新方向出击。当异常现象出现时，你要判断这是一次小错误，还是原因不明的重大错误。要富有创造性，就要在取得创造性成就之前准备接受无数次的失败。

有趣的是，5 岁的孩子天生就有创意，但受教育程度愈高就愈可能变得没创意。正规教育面临的挑战是要设法留住童心，维护那些创意本能，即便必须学习必要的学科。

几乎每家商业组织都自诩有创意，但真正能做到这一点的公司却很少。创意经常只是交给创意小组，对其他人则是耳提面命，千万别在与客户打交道时表达政治观点或者面对公司穿着规定时发挥创意。事实表明，以这种切割方法来处理创意绝对无法持久。唯有那些把创意嵌入DNA里的组织，才能最终成为创意思维的源泉。

不要把创意当成个别活动，要像3M公司那样充分运用公司内部的创意能力和人才：

◎ 3M的主管本身就是具有良好新产品开发记录的人。

◎用升迁和其他方式来奖励想出新点子的人。

◎领导团队与最先试用新产品的人紧密合作，以确保开发出的产品确实符合真实世界的需求。

◎给予那些跳出框架的人更多空间，最后看他们完成的效果。

人们往往把想出突破性点子的孤独发明家奉为创意的典范，但在真实世界，真要把事情做好，多半还需要庞大团队的支持。团队有两种不同的形式：

（1）项目团队——在领域内集合多位专家短期共事，运用他们的技能，项目结束后解散。这是好莱坞风格的组队方式，非常适合于制作电影。

（2）群众智慧——由几百甚至上千人各自对某一项目出钱出力。这种结合好过所有只靠一己之力做出的东西。就是这种运作方式，带来了谷歌搜索引擎、亚马逊网站图书推荐、开源软件和维基百科。

某些类型的创意任务，如解决贫困或种族问题，不可能靠大众提出的方案来解决。这些情况仍要求单独的创意。然而在许多其他领域，结合众人的建议会很有用。结合以上两种方法最佳特性的混合法也是可行的。

比如在确定大学新校长时，可以先从公众建议的候选名单中订出几个人选，然后再由在该领域中有实际经验的内行人做出最后选择。这种混合法确实有其优点。

统合整理现有信息和开创新想法之间，显然有些共同点。两者都需要多个例子来做分析和推断，也都倾向于对同一主题做多次陈述。事实上，一些最有创意的新点子，就是在尝试统合整理时，在意想不到的地方突然涌现出来的。但创造和统合的差异也相当明显：

◎统合是为了构建已知的东西，因此比较有秩序，并且希望能获得结果。

◎创造的目标是扩大该领域的知识，并拿出一些新鲜而令人兴奋的东西。

社交媒体的成员不能全是创造者，因为这种人天生不稳定。创新者要有统合能力，也要有具备实用知识的人跟随他，处理所有相关的实务问题。在企业环境里，经理人和主管必须善于统合，而企业领袖则需要有更宽广的视角，为组织的宗旨和目标注入创意。

未来的创意看起来将是什么模样？直到目前，创意一直是以人为中心的活动。像硅谷这种地方之所以能脱颖而出，就是因为吸引到了足够数量的人才。然而在未来，有 2 个成员会加入赛局并拿出新鲜又有创意的点子：

（1）人工智能将继续扩大其规模和能量。人类将开发出一些电脑软件，做出新的艺术品，改进商业设计并提出新的科学理论。人类智能的电脑模拟功能将持续改善，从而开拓出各种新的可能性。

（2）电脑威力将继续扩大，因此成为创造过程中更有用的伙伴。目前电脑已被用来演算海量数据，这在几年前还无法想象。建筑师现在能在比以往更大的运行参数下测试其设计。以不断进步的电脑为工具，一些聪明人创意作品的质与量将大幅提升。

关键思维

在会计、工程、法律或医学上，很少见到重大的创造性突破。号称发明了全新会计、桥梁建筑、手术、刑事起诉或能源方法的人容易遭到怀疑。然而，那些发明了规模虽小却对专业实务造成显著改变的人越来越受到社会青睐。当一个国家的法律改了或是货币在一年内升值3次时，我会毫不犹豫地以“创意家”这个名词来称呼想出如何查账的人。在货币、政治、社会或科技等条件变动下，明确知道该如何保护知识财产权的律师，也能获得这一称号。

——霍华德·嘉纳

四　尊重他人的脑袋

尊重与其他人的关系。当今做生意根本不可能不去考虑自己的所作所为会对他人造成什么样的影响。尊重他人代表你乐于接受差异，代表你会试着去理解别人的处境，并与他们和谐共事。在现代彼此联系的世界里，如果你表现出不耐烦或说了什么不敬的话，那么负面消息便会四处流传，对你造成困扰。想在未来蓬勃发展，你就要赢得人们的尊重。

人类长久以来都表现出寻求群体归属的深层需求，并本能地对这些群体做出清楚划分。因此人们很容易对他认同的群体表示好感，对敌对的群体则表示明显厌恶。这就是为什么不同的足球队之间、不同教派之间，甚至不同的电脑用户之间，有时候会爆发“战争”。

然而现在这个时代，事情已有所不同。这是大规模杀伤武器的时代——核武器、生物武器和化学武器，不仅能轻易跨越领土疆界，还能让整个世界成为不毛之地。今天，全球范围的战争被明确视为零和行为，无论存活下来的是谁，最后都没有赢家。现在每个人都承认，因为不可能完全禁止战争和武器，所以对待战争要有不同的方针。

尊重与你有生意往来的人，不表示就不做主观判断。你应该根据每个人的优点进行判断，而不应该是某个随意的标准，如肤色、政治观点或宗教信仰。关于尊重，还要记住以下 3 点：

（1）避免对族群的身份做道德判断——无法证明族群甲就一定比族群乙好。做任何主观判断都反映一己的偏见和喜好。你应该接受几乎所有群体都有些正面和负面的因素，然后由它去。

（2）尊重或不尊重人的信息会通过你所在的组

织表现出来——不管你有没有发现。如果你的公司说，20% 的员工为非裔美国人，人们马上会问这些黑人是进入董事会当主管还是只是当接待员。

（3）避免假尊重——不要向上拍马屁、向下要权威。务必要让掌权者是因为真正有本事而上位，而不是因为奉承功夫好。

尊重对商业组织的价值很明确。当你表示尊重时：

（1）组织和社区做起事来会更有效——每个参与者都努力去了解彼此，致力于共同的目标。

（2）团队会蓬勃发展——每个人都相信他们的建议会被认真对待，而不会遭到漠视。

（3）将有更多人参与决策——人们更积极主动，不会什么事都坐等领导者去做。当决策变得更有参与性时，基层员工做出的决定会获得更多认同。

（4）经理人可以通过讨论和彼此达成的共识来完成更多的事，远多于过去靠欺压和恐吓所做到的。

关键思维

不知尊重的人不值得受到其他人的尊重，并会毒害职场和公众。

在上百个国家、数千个群体，总数超过60亿人口所组成的世界里，什么才是合理的目标？显然，我们不能再轻易拉下铁幕或建造围墙，把世界永世隔离。我们必须学会以某种方式彼邻而居——在同一地球，不用彼此憎恨，不用一心想伤害或杀死对方，不用排外。我更喜欢尊重的概念，而不是无视差异，被差异激怒，或是以爱或恨的名义消灭差异。我呼吁人类接受差异，学会与差异共存，爱护非我族类的人。

无论从事写作、研究或是管理，一定要避免成见或嘲讽。你必须试着从对方的立场来了解他人，必要时发挥想象力，设法传递信任，尽可能试着找到双方共同的使命，让他们觉得你值得信赖。你有责任努力去做这件事，不要对从支离破碎印象中得出的假设信以为真。

——霍华德·嘉纳

五　合乎道德的脑袋

简单来说，道德就是了解作为一名工人或一介公民的本分并善尽其职。你的行为必须符合个人的信念，当未来某个时刻形势发生巨大变化时，你能经得起严格的考验。行为合乎道德是指你和组织致力于做让自己感到骄傲的事，而不是以无知为借口。

个人或组织要做良好与有道德的事，包括3个不同层面：

（1）工作本身做得一流，擅长做这件事的人严守纪律。

（2）工作负起应有责任，并且考虑到对社会的影响。

（3）参与其事的人感觉有建设性、投入和有意义。如果同一个人或组织，做事偷工减料或未达产业和社会的标准，最后做出来的东西就会被称为“妥协下的产物”。职业道德就是做好工作，避免生产、工作受到任何方式的妥协或“污染”。

个人层面上的道德行为，大家通常都心知肚明。想知道自己的道德表现，想想以下问题：

（1）我作为一名律师、医生、工程师、业务经理、教育家，有什么意义？

（2）当我加入这个行业时，我承担的权利、义务和责任是什么？

（3）在我的邻里、城市、地区、国家、地球上生活，这对我来说有什么意义？

（4）我可以替人们做些什么，尤其是对那些经历了灾难或遭遇不幸的弱势群体？

要长期奉守道德，你必须时常停下来从概念上检视自己的工作本质和所在社区的情况。要奉行美德，你要能抽象思考——要有反省自己所做之事的能力，然后坚持自己内心的选择。

没有什么神奇配方可以保证人们一定能养成合

乎道德的脑袋。但是，有几项指导原则值得参考：

（1）儿童对道德的观念，最早是从观察父母中得来的。如果亲眼看到即使父母不在场也做有利于社会的事，孩子就会形成道德意识。如果看到父母是迫于法律压力才做正确的事，他们可能就会视道德为偶一为之的事情，而不是合理的生活方式。

（2）生命的前几十年里，多数人都是在接受教育。教师和正规教育对于鼓励青少年做好工作并且积极履行公民义务，发挥关键作用。

（3）新员工从同事与上司身上探索道德行为。新员工如果看到朋友和同事对于道德不过嘴上说说，做任何事都无所顾忌，就会留下做事可以百无禁忌的印象。如果他们再看到上司跨越道德规范并且鼓励员工照做，这种印象就会更加强化。

说到底，道德就是你和你的组织做了可以自豪的工作。道德立场坚定的人，在情况变得困难时，依旧试着做好工作。做好工作的路标可以概括为道德 4 法：

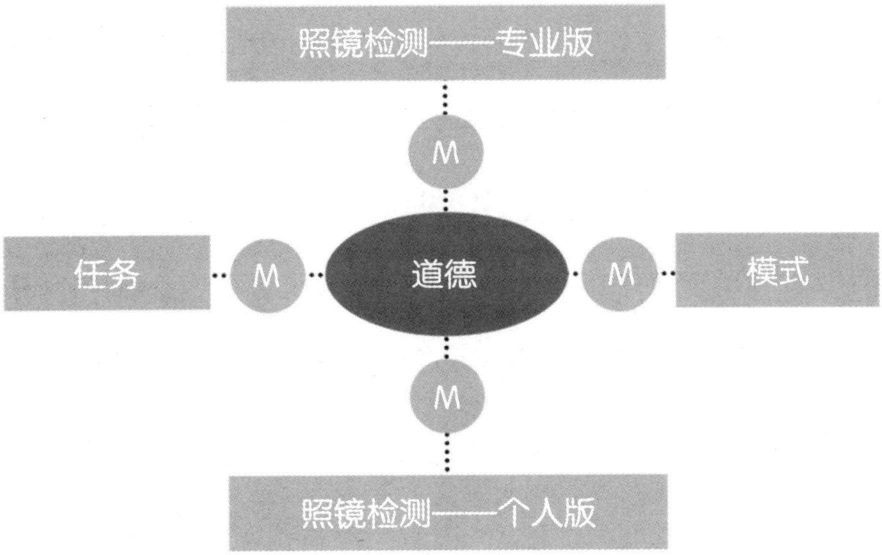

（1）任务——无论是在学校还是在职场，个人必须明确知道自己想完成的事。没有目标就表示这个人将没有方向，迟早会惹上麻烦。

（2）模式——渴望做好工作的人，非常需要强势的榜样——这些人具体实现了愿望。这传达出凡事都可以合乎道德好好地做。

（3）照镜检测（个人版）：有抱负的员工能照镜自省并且欣喜于所见。要有这样的理解：如果你所做的一切都刊登在当地报纸上，你感到的应该是自豪而不是羞愧。

（4）照镜检测（专业版）：如果你个人在工作上做得不错，但所在的组织不按职业道德行事甚至非法，问题就会出现。我们无法在引以为耻的组织里做出好工作。所以你必须查看你的同事。

商业道德愈来愈受到重视。若想吸引高素质人才进公司，公司的行为就必须透明且合乎道德。道德的定义可能不同，但有道德的组织的最后考验一向是“我们所做的事是否能促成更好的组织，更好的城市，更好的国家和更美好的世界”。愈来愈多的人选择加入能使世界变得更美好的职业和组织。

关键思维

当一切重要的事物都可以收买和出售时，当承诺一旦不再对我们有利便可弃守时，当购物成了救赎而广告推销的产品成了我们乞求之物时，当人的价值以赚多少花多少来计算时，那表明市场正在破坏它长久以来依赖的所有美德。

——乔纳森·萨克斯，英国犹太教前任领袖

也许没有真正的普世道德，更准确地说，解释道德原则的方式，将不可避免地因文化和时代不同而异。然而，这些差异无关紧要。所有已知的社会都奉守真诚、品格、忠诚、公正的美德，没有一个社会会公开表扬谎言、欺骗、背叛、不公。

有了这几个脑袋，一个人就可以做好准备应付未来；没有这些脑袋，一个人就只能任由自己无法理解的力量摆布，更别提去控制自我了。

——霍华德·嘉纳

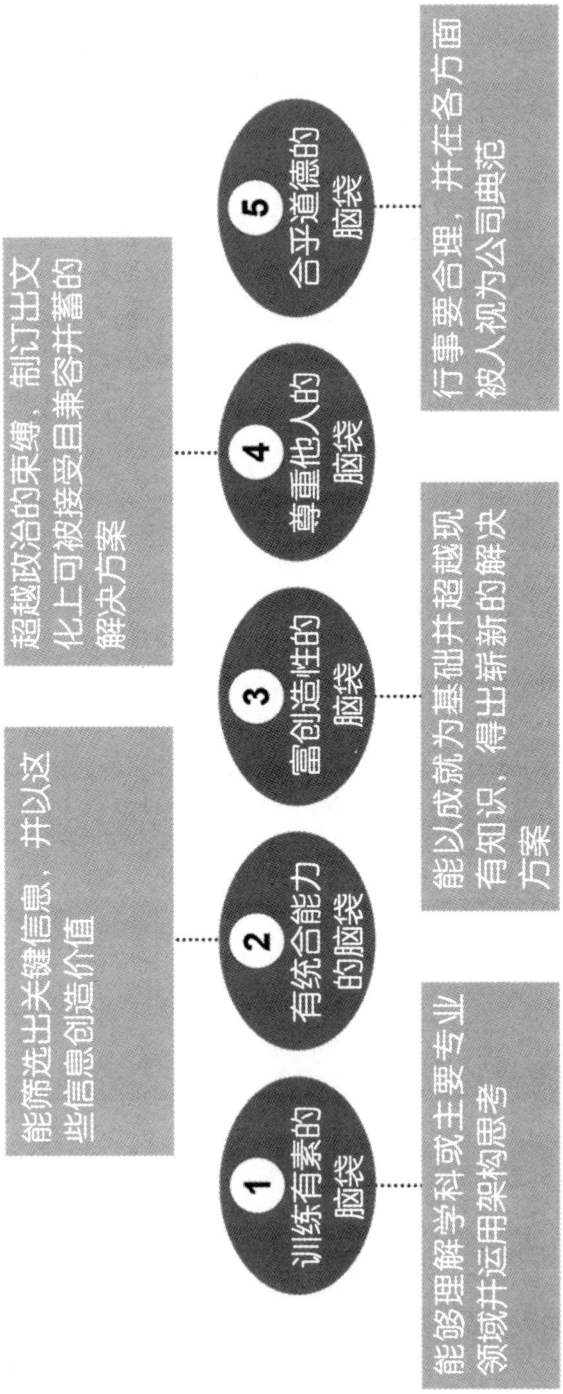
1 训练有素的脑袋
能够理解学科或主要专业领域并运用架构思考
2 有统合能力的脑袋
能筛选出关键信息，并以这些信息创造价值
3 富创造性的脑袋
能以成就为基础并超越现有知识，得出崭新的解决方案
4 尊重他人的脑袋
超越政治的束缚，制订出文化上可被接受且兼容并蓄的解决方案
5 合乎道德的脑袋
行事要合理，并在各方面被人视为公司典范